Lösungen zum Lehrbuch Angewandtes Rechnungswesen

Carsten Wesselmann

Lösungen zum Lehrbuch Angewandtes Rechnungswesen

Detaillierte T-Konten und Rechenwege

Carsten Wesselmann
Köln
Deutschland

ISBN 978-3-658-07066-3   ISBN 978-3-658-07067-0 (eBook)
DOI 10.1007/978-3-658-07067-0

Die Deutsche Nationalbibliothek verzeichnet diese Publikation in der Deutschen Nationalbibliografie; detaillierte bibliografische Daten sind im Internet über http://dnb.d-nb.de abrufbar.

Springer Gabler
© Springer Fachmedien Wiesbaden 2015
Das Werk einschließlich aller seiner Teile ist urheberrechtlich geschützt. Jede Verwertung, die nicht ausdrücklich vom Urheberrechtsgesetz zugelassen ist, bedarf der vorherigen Zustimmung des Verlags. Das gilt insbesondere für Vervielfältigungen, Bearbeitungen, Übersetzungen, Mikroverfilmungen und die Einspeicherung und Verarbeitung in elektronischen Systemen.

Die Wiedergabe von Gebrauchsnamen, Handelsnamen, Warenbezeichnungen usw. in diesem Werk berechtigt auch ohne besondere Kennzeichnung nicht zu der Annahme, dass solche Namen im Sinne der Warenzeichen- und Markenschutz-Gesetzgebung als frei zu betrachten wären und daher von jedermann benutzt werden dürften.

Gedruckt auf säurefreiem und chlorfrei gebleichtem Papier

Springer Gabler ist eine Marke von Springer DE. Springer DE ist Teil der Fachverlagsgruppe Springer Science+Business Media
www.springer-gabler.de

Vorwort

Eine selbstausgedruckte Loseblattsammlung von über 120 Seiten mit Musterlösungen von meiner Homepage ist unhandlich. Ich habe mich daher dazu entschieden – als hilfreiche Ergänzung zum Fachbuch „Angewandtes Rechnungswesen" – ein Lösungsbuch herauszugeben. Um ein leichtes Auffinden der Musterlösungen zu den einzelnen Themenfeldern zu ermöglichen, ist dieses gegliedert wie das Hauptwerk. Die Seitenangaben in den Kapitelüberschriften beziehen sich auf das Lehrbuch.

Das hier vorliegende Buch beinhaltet eine übersichtliche und nachvollziehbare Darstellung der jeweiligen Lösungen für die einzelnen Lernbereiche und hilft der Leserin bzw. dem Leser, einen leicht verständlichen Zugang zur Theorie und Praxis der Buchführung zu bekommen. Zahlreiche T-Konten-Darstellungen sollen den Lernprozess unterstützen und den persönlichen Lernerfolg sichern.

Die Inhalte der Lerngebiete aus dem Hauptwerk bilden die Grundlage für die vorliegenden Aufgaben und Lösungen. Nach Erarbeitung der Lernfelder hat die Leserin bzw. der Leser die Möglichkeit, sein neu erworbenes bzw. aufgefrischtes Wissen zu festigen, zu aktualisieren und zu vertiefen. Die einseitige theoretische Vermittlung, wie sie aus herkömmlicher Fachliteratur bekannt ist, ist in der heutigen Zeit nicht ausreichend und zielführend. Deshalb haben ich mich entschieden, einen Praxisbezug durch Einsatz einer Buchhaltungssoftware der Buhl Data GmbH herzustellen.

Ich wünsche viel Freude bei der Lösung der Aufgaben und der Anwendung der Buchhaltungssoftware.

Köln im August 2014   Prof. Dr. Carsten Wesselmann

Inhaltsverzeichnis

1   Einleitung – Die digital print point OHG stellt sich vor 1

2   Einführung in das betriebliche Rechnungswesen 3
    2.1   Das betriebliche Rechnungswesen der Unternehmung 3
    2.2   Buchführung als Teilbereich des betrieblichen Rechnungswesens 4
        2.2.1   Der Begriff „Buchführung" 4
        2.2.2   Aufgaben der Buchführung (S. 14 f.) 4
        2.2.3   Handels- und steuerrechtliche Buchführungspflicht (S. 19 f.) 5
        2.2.4   Grundsätze ordnungsmäßiger Buchführung (S. 40 f.) 6
        2.2.5   Buchführungsrelevante Sachverhalte (S. 49) 9
    2.3   Literaturverzeichnis 10

3   Grundzusammenhänge im Rechnungswesen 11
    3.1   Rechnungsgrößen im in- und externen Rechnungswesen 11
    3.2   Die Bilanz: Grundlage und Ergebnis des Buchführungssystems 13
        3.2.1   Inventar und Inventur 13
        3.2.2   Die Aufstellung der Eröffnungsbilanz (S. 91 f.) 13
        3.2.3   Bestandsveränderungen: Die ersten Geschäftsvorfälle
                der digital print point OHG (S. 97 ff.) 15
    3.3   Zur doppelten Buchführung 18
        3.3.1   Bestandsbuchungen 18
        3.3.2   Erfolgsbuchungen 33
    3.4   Literaturverzeichnis 49

4   Ausgewählte Buchungsprobleme 51
    4.1   Die buchhalterische Behandlung der Umsatzsteuer 51
        4.1.1   Überblick 51
        4.1.2   Das System der Umsatzsteuer 51
        4.1.3   Steuerbare Umsätze und
                Umsatzsteuer-Voranmeldung (S. 201 f.) 51
        4.1.4   Die Buchung auf Umsatzsteuerkonten (S. 206 ff.) 53

		4.1.5	Abschluss der Umsatzsteuerkonten (S. 210 ff.)	56
		4.1.6	Anmerkungen zur Prüfungsvorbereitung	61
	4.2	Beschaffung und Absatz		61
		4.2.1	Wareneinkauf (S. 227 ff.)	61
		4.2.2	Warenverkauf (S. 237 ff.)	66
		4.2.3	Warenverkehr, Umsatzsteuer und EDV-gestützte Buchhaltung (S. 246 ff.)	71
	4.3	Besonderheiten der Industriebuchführung		72
	4.4	Das Privatkonto		78
	4.5	Zahlungsverkehr		87
		4.5.1	Geldverrechnungskonten (S. 293 f.)	87
		4.5.2	Personenkonten (S. 299 f.)	90
	4.6	Buchungen im Anlagevermögen		92
		4.6.1	Überblick	92
		4.6.2	Die Anschaffung von Anlagevermögen (S. 313 f.)	92
		4.6.3	Die Eigenerstellung von Sachvermögen (S. 319 f.)	94
		4.6.4	Abschreibungen abnutzbarer Anlagegüter	98
		4.6.5	Der Verkauf von Gütern des Anlagevermögens (S. 349 f.)	110
		4.6.6	Geringwertige Wirtschaftsgüter (S. 355 ff.)	111
	4.7	Finanzwirtschaft (Darlehensaufnahme und –rückzahlung)		117
	4.8	Abschreibungen auf Forderungen		122
	4.9	Buchungsvorgänge mit zeitlicher Abgrenzung		124
		4.9.1	Überblick	124
		4.9.2	Rechnungsabgrenzung (S. 390 ff.)	124
		4.9.3	Rückstellungen (S. 396 ff.)	127
	4.10	Buchung von Löhnen und Gehältern		132
	4.11	Literaturverzeichnis		133

Einleitung – Die digital print point OHG stellt sich vor

Das Kapitel enthält keine Übungsaufgaben.

Einführung in das betriebliche Rechnungswesen

2.1 Das betriebliche Rechnungswesen der Unternehmung

Aufgabe 1

Siehe im Lehrbuch S. 6 ff.

Das betriebliche Rechnungswesen unterteilt sich in zwei große Blöcke: das externe und das interne Rechnungswesen.

Das externe Rechnungswesen ist vergangenheitsorientiert und hat die Zielsetzung, interessierte Dritte über das Zahlenwerk innerhalb des Unternehmens zu informieren. Die Buchführung, die Bestandteil des externen Rechnungswesens ist, dient z. B. der Selbstinformation des Unternehmers und stellt die Grundlage für die korrekte Ermittlung der Steuerschuld durch das Finanzamt dar.

Das interne Rechnungswesen (zukunftsorientiert) verfügt z. B. über den Teilbereich Kosten- und Leistungsrechnung. Hier besteht die Zielsetzung in der verursachungsgerechten Verteilung und Zuordnung von Kosten auf die betroffenen Kostenträger.

Aufgabe 2

Siehe im Lehrbuch S. 6 ff.

Das externe Rechnungswesen ist vergangenheitsorientiert und hat die Zielsetzung, interessierte (externe) Dritte über das Zahlenwerk innerhalb des Unternehmens zu informieren. Es gibt Gesetze, die die Buchführungspflicht regeln. Hierzu zählen das Handelsgesetzbuch (HGB) und die Abgabenordnung (AO). § 238 i. V. m. §§ 1–6 HGB beinhaltet die Buchführungspflicht für Kaufleute; die Vorschriften §§ 140 und 141 AO regeln aus steuerlicher Sicht die Buchführungspflicht.

Das interne Rechnungswesen ist zukunftsorientiert und nicht gesetzlich vorgeschrieben, aber unbedingt jedem Unternehmer zu empfehlen. Es unterstützt die Geschäftsleitung bei den wesentlichen Aufgaben (Planung, Steuerung, Kontrolle) zur langfristigen Erhaltung der Unternehmenssubstanz.

Aufgabe 3

Siehe im Lehrbuch S. 6 ff.

Während es sich beim externen Rechnungswesen um eine pagatorische Rechnung handelt, stellt das interne Rechnungswesen eine kalkulatorische Rechnung dar. Während zuerst genannte Rechnung die tatsächlich geflossenen Geldströme zwischen dem Unternehmen und der Umwelt berücksichtigt, gehen im letzten Fall Größen ein, die von den tatsächlichen Zahlungsgrößen abweichen können.

Aufgabe 4

Siehe im Lehrbuch S. 8 f.

Das Ziel besteht in der Gewinnung von Informationen, die den Unternehmer bei wichtigen unternehmerischen Entscheidungen (Managementaufgaben) unterstützen. Das Planen, Steuern und Kontrollieren von betrieblichen Prozessen zwecks langfristiger Substanzerhaltung des Unternehmens wird durch diesen Bereich des Rechnungswesens erheblich erleichtert.

2.2 Buchführung als Teilbereich des betrieblichen Rechnungswesens

2.2.1 Der Begriff „Buchführung"

Das Kapitel enthält keine Übungsaufgaben.

2.2.2 Aufgaben der Buchführung (S. 14 f.)

Aufgabe 1

Siehe im Lehrbuch S. 11 f.

Mit Hilfe des (vergangenheitsorientierten) externen Rechnungswesens werden buchhalterische Informationen an externe Adressaten, die ein berechtigtes Interesse am Zahlenmaterial haben, erstellt und ggf. veröffentlicht.

Zu den Adressaten zählen das Finanzamt, die Gläubiger, die Entscheidungsträger im eigenen Unternehmen.

Aufgabe 2

Siehe im Lehrbuch S. 11.

Ein Geschäftsvorfall ist ein quantifizierbarer Vorgang, der die Veränderung des Kapitals und/oder des Vermögens eines Unternehmens abbildet.

Beispiele:
1. Kauf eines Pkw auf Ziel.
2. Verkauf von Handelswaren.
3. Valutierung eines Bankdarlehens auf dem betrieblichen Girokonto.
4. Abschreibung eines Gebäudes aus dem Anlagevermögen.
5. Umschuldung einer kurzfristigen Verbindlichkeit in ein mittelfristiges Darlehen.

Aufgabe 3

Siehe im Lehrbuch S. 11 ff.
1. Selbstinformation
2. Beweisfunktion (bei gerichtlichen Auseinandersetzungen)
3. Offenlegungsfunktion
4. Dokumentationsfunktion

2.2.3 Handels- und steuerrechtliche Buchführungspflicht (S. 19 f.)

Aufgabe 1

Siehe im Lehrbuch S. 17 ff.

Im Rahmen der Aufzeichnungspflicht sind stets alle steuerlich relevanten Vorgänge (also Einnahmen und Ausgaben) nach dem Zufluss-/Abflussprinzip gemäß § 11 EStG zu erfassen. Ergebnis der Aufzeichnung ist regelmäßig die Einnahmen-/Überschussrechnung nach § 4 Abs. 3 EStG.

Die Buchführungspflicht beinhaltet die Vorgabe, dass alle betrieblichen Geschäftsvorfälle, die das Vermögen und/oder das Kapital des Unternehmens verändern, ausnahmslos erfasst werden. Das Ergebnis der Buchführung ist die Bilanz und die Gewinn- und Verlustrechnung. Bei Kapitalgesellschaften ist zusätzlich noch der Anhang beizufügen.

Aufgabe 2

Siehe im Lehrbuch S. 15.
§ 238 HGB

Aufgabe 3

Siehe im Lehrbuch S. 15 ff.
§ 1 HGB: Istkaufmann
§ 2 HGB: Kannkaufmann
§ 6 HGB: Formkaufmann

Aufgabe 4

Siehe im Lehrbuch S. 16.

Der Kleingewerbetreibende (z. B. Inhaber eines Kiosk) ist ein Unternehmer, welcher die Merkmale des § 15 Abs. 2 EStG (Definition Gewerbebetrieb) insgesamt erfüllt, jedoch mangelt es an der kaufmännischen Organisation (mehrere Mitarbeiter, hoher Umsatz, hoher Gewinn, große Verkaufsfläche, viele Kundenkontakte etc.), Merkmale die kumulativ vorliegen müssen, um eine Istkaufmannseigenschaft zu begründen. Erst durch die freiwillige Eintragung des Kleingewerbetreibenden ins Handelsregister erwirbt er die Kaufmannseigenschaft mit allen hiermit verbundenen Rechten und Pflichten.

Aufgabe 5

Teilaufgabe 5.1, siehe im Lehrbuch S. 16.

Möhlig ist als Steuerberater Freiberufler im Sinne des § 18 EStG. Er ist somit weder handelsrechtlich noch steuerlich zur Buchführung verpflichtet. Höhe des Umsatzes oder des Gewinns spielen keine Rolle.

Teilaufgabe 5.2, siehe im Lehrbuch S. 15 ff.

Nach Handelsrecht ist X buchführungspflichtig. § 241a HGB greift nicht, da er nicht an zwei aufeinanderfolgenden Bilanzstichtagen die Umsatzgrenze von 500.000,00 EUR und die Gewinngrenze von 50.000,00 EUR unterschritten hat.

Damit ist er auch nach § 140 AO nach dem Steuerrecht buchführungspflichtig (derivative Buchführungspflicht).

Teilaufgabe 5.3, siehe im Lehrbuch S. 15 ff.

Roy Mungsverkauf ist nach Handels- noch nach Steuerrecht zur Buchführung verpflichtet. (Begründung siehe Teilaufgabe 5.2)

2.2.4 Grundsätze ordnungsmäßiger Buchführung (S. 40 f.)

Aufgabe 1

Siehe im Lehrbuch S. 20 ff.

Aufgabe 1

(*Hinweis*: Die Aufgabennummer 1 wurde versehentlich zweimal vergeben.)
Siehe im Lehrbuch S. 25, unveränderliche Erfassung.

Diese Vorgabe resultiert aus der Forderung nach einer vollständigen, verständlichen, zeitgerechten, richtigen und unveränderlichen Erfassung von Geschäftsvorfällen. Die Tatsache, dass aus dem mathematischen „-" durch einen Querstrich ohne weiteres ein „+" erstellt werden könnte, ist der Grund für die Anweisung ein kaufmännisches Minus „./." im Rahmen der Buchführung zu nutzen.

Aufgabe 2

Siehe im Lehrbuch S. 35 f.

Das Imparitätsprinzip ist eine Ausprägung des Vorsichtsprinzips. Es besagt, dass eine ungleiche Behandlung von nicht realisierten Verlusten und nicht realisierten Gewinnen zum Bilanzstichtag bei der Bilanzierung vorgenommen werden muss, um Gläubiger vor Falschinformationen zu schützen.

Beispiel: Kündigt ein Kunde an, dass evtl. eine Forderung, die im November 2013 realisiert wurde, im Januar 2014 ausfallen könnte, so muss der Leistungserbringer in seiner Bilanz zum 31.12.2013 den möglichen Forderungsausfall in Form einer Einzelwertberichtigung berücksichtigen. Es gilt das Verlustantizipationsgebot.

Für das Gewinnantizipationsverbot sei folgendes Beispiel angeführt: Wolfgarten kauft am 15.12.2013 für die digital print point OHG Aktien zum Kurs von 75,00 EUR. Zum Jahresende ist der Kurs auf 100,00 EUR gestiegen. Wolfgarten hält die Aktien über den Bilanzstichtag (31.12.2013) im Bestand. Die Kursdifferenz von 25,00 EUR stellt einen nicht realisierten Gewinn dar. Er wäre dann realisiert worden, wenn die Aktien verkauft worden wären. Folglich darf der Gewinn nicht in der Bilanz ausgewiesen werden. Die Aktien sind mit einem Kurs von 75,00 EUR in der Bilanz auszuweisen.

Aufgabe 3

Nach § 146 Abs. 5 AO können Bücher und sonstige erforderliche Aufzeichnungen in einer geordneten Ablage von Belegen bestehen, sofern sie den Grundsätzen ordnungsmäßiger Buchführung entsprechen. Wolfgarten muss also dafür sorgen, dass alle Vorgänge vollständig, richtig, zeitgerecht und geordnet durch den Erfüllungsgehilfen (Steuerberater Nelles) vorgenommen werden können. Kasseneinnahmen und Kassenausgaben müssen von ihm täglich aufgezeichnet worden sein. Die Loseblattsammlung im Schuhkarton lt. vorliegendem Beispiel isoliert betrachtet, entspricht somit nicht den GoB.

Aufgabe 4

Siehe im Lehrbuch S. 35.

Tipp-Ex ist im Rahmen der Buchführung nicht erlaubt. Jedes nachträgliche Verändern eines Buchungssatzes, der einen solchen für einen sachverständigen Dritten nicht mehr nachvollziehbar macht, ist zu unterlassen. Einfaches Streichen des Buchungssatzes wäre ausreichend gewesen.

Aufgabe 5

Siehe im Lehrbuch S. 32, Grundsatz der Wesentlichkeit.

Es gibt z. B. die Ausnahme der GWG-Sammelpostenbewertung. Hier werden geringwertige Wirtschaftsgüter (Güter, die zum beweglichen Anlagevermögen zählen und ihrer Funktion nach selbständig nutzbar sind) mit Anschaffungs-/Herstellungswert zwischen 150,00 EUR und 1.000,00 EUR zu einem Sammelposten GWG (= Aktivkonto) zusammengefasst, welcher über einen Zeitraum von 5 Jahren ohne Berücksichtigung einer zeitanteiligen Abschreibung linear abgeschrieben wird. Am Ende des Zugangsjahres wird die Summe der Nettozugänge in Höhe von 20 % abgeschrieben. Eine Einzelbewertung entfällt. Auch bei Entnahme und Veräußerung einzelner GWG werden keine Einzelbewertungen durchgeführt.

Aufgabe 6

Teilaufgabe 6.1, siehe im Lehrbuch S. 36 f.

Da die Aktien zu Spekulationszwecken gehalten werden, gehören sie zum Umlaufvermögen. Hier ist das strenge Niederstwertprinzip anzuwenden. Das bedeutet, dass der gesunkene Wert am Bilanzstichtag, sofern er (wenn auch nur kurzfristig) gefallen ist, für Zwecke der Bewertung maßgeblich ist. Gestiegene Werte bleiben jedoch außer Betracht. Es gilt das Vorsichtsprinzip. Zu bewerten sind die Aktien somit mit 72,60 EUR pro Stück.

Teilaufgabe 6.2, siehe im Lehrbuch S. 36 f.

Da die Aktien zu Spekulationszwecken gehalten werden, gehören sie zum Umlaufvermögen. Hier ist das strenge Niederstwertprinzip anzuwenden. Das bedeutet, dass der gesunkene Wert am Bilanzstichtag, sofern er auch nur kurzfristig gefallen ist, für Zwecke der Bewertung maßgeblich ist. Zu bewerten sind die Aktien zu je 69,30 EUR.

Teilaufgabe 6.3, siehe im Lehrbuch S. 36 f.

Werden die Aktien zu Spekulationszwecken gehalten, so sind sie, da sie dann zum Umlaufvermögen zählen, zwingend mit dem niedrigeren Wert in der Bilanz zu bewerten (strenges Niederstwertprinzip). Gehören Sie jedoch zum Anlagevermögen, da sie dem Betrieb länger als 12 Monate zur Verfügung stehen sollen, so ist das gemilderte Niederstwertprinzip anzuwenden. Das bedeutet, dass nur eine Abwertung der Aktie erfolgen darf, wenn eine dauerhafte Wertminderung vorliegt.

2.2 Buchführung als Teilbereich des betrieblichen Rechnungswesens

2.2.5 Buchführungsrelevante Sachverhalte (S. 49)

Aufgabe 1

Siehe im Lehrbuch S. 42.

Externe Belege werden dem Unternehmen im Rahmen des Geschäftsverkehrs zugestellt und von anderen Wirtschaftsteilnehmern erstellt. Dazu zählen: Eingangsrechnungen, Quittungen, Bankauszüge, Eingangsgutschriften Schecks, Steuerbescheide, empfangene Handelsbriefe.

Interne Belege werden auch als Eigenbelege bezeichnet. Es handelt sich um Dokumente, welche das Unternehmen selbst erstellt. Zu ihnen zählen u. a. Ausgangsrechnungen, Lohn- und Gehaltslisten, abgesandte Handelsbriefe, Materialentnahmescheine, Ergebnisverwendungsbelege, Stornobelege usw.

Aufgabe 2

1. Der Steuerbescheid gilt als betrieblicher Beleg und muss 10 Jahre aufbewahrt werden. Die Frist der Aufbewahrung beginnt zum 01.01.2015 um 0:00 Uhr und endet am 31.12.2024 um 24:00Uhr.
2. Der Barbeleg gilt als betrieblicher Beleg und muss 10 Jahre aufbewahrt werden. Die Frist der Aufbewahrung beginnt zum 01.01.2014 um 0:00 Uhr und endet am 31.12.2023 um 24:00Uhr.
3. Beim Angebot handelt es sich nicht um einen Handelsbrief. Die Aufbewahrungsfrist beträgt 6 Jahre. Die Aufbewahrungsfrist endet am 31.12.2019 um 24:00 Uhr.
4. Die Kopie einer Ausgangsrechnung ist die Grundlage der Eintragungen in die Bücher und Aufzeichnungen. Soweit Buchführungs- und Aufzeichnungspflichten bestehen, muss sie 10 Jahre aufbewahrt werden. Die Frist der Aufbewahrung beginnt zum 01.01.2014 um 0:00 Uhr und endet am 31.12.2023 um 24:00 Uhr.
5. Der Jahresabschluss ist 10 Jahre aufzubewahren. Die Frist der Aufbewahrung beginnt zum 01.01.2015 um 0:00 Uhr und endet am 31.12.2024 um 24:00 Uhr.
6. Das Handbuch zählt zu den Arbeitsanweisungen und Organisationsunterlagen, die 10 Jahre aufzubewahren sind. Die Frist endet am 31.12.2023 um 24:00 Uhr. Die Frist würde bei tatsächlich längerer Nutzung der Software ebenfalls länger sein.

Aufgabe 3

Siehe im Lehrbuch S. 43 f.

Das *Grundbuch* ist die Summe aller Konten, die im Rahmen eines Jahresabschlusses bebucht werden. Hierzu zählen alle Konten der Bilanz (= Bestandskonten) und alle Konten der Gewinn- und Verlustrechnung (= Erfolgskonten).

Das *Journal* hingegen ist ein Protokoll der erfassten Buchungssätze in chronologischer Reihenfolge.

Aus Sicht der OHG ist es sinnvoll, Nebenbücher, wie z. B. Anlagenbuchhaltung, Personalbuchhaltung etc. zu führen, um einen Überblick über die komplexen Vorgänge des Unternehmens zu ermöglichen.

2.3 Literaturverzeichnis

Das Kapitel enthält keine Übungsaufgaben.

3 Grundzusammenhänge im Rechnungswesen

3.1 Rechnungsgrößen im in- und externen Rechnungswesen

Aufgabe 1
1. Ausgabe
2. Einzahlung, Einnahme, Ertrag, Leistung
3. Aufwand, Kosten
4. Auszahlung
5. Einnahme, Ertrag, Leistung
6. Auszahlung, Ausgabe, Aufwand, Kosten

Aufgabe 2

Kategorie	Einzahlung	Auszahlung	Einnahme	Ausgabe	Ertrag	Aufwand
Sachverhalt 1						
Betrag		1.200				
Sachverhalt 2						
Betrag			5.800		5.800	6.100
Sachverhalt 3						
Betrag	580		580		580	450
Sachverhalt 4						
Betrag			4.800		4.800	800[1]
Sachverhalt 5						
Betrag					2.500	2.500
Sachverhalt 6						
Betrag		12.000				

[1] Bei linearer Abschreibung: 4.800 / 6 / 12 x 6 = 800 EUR, denn in 2013 wird nur für den Zeitraum Jul. – Dez. die Abschreibung berücksichtigt. Siehe dazu Kapitel 4.6.4 im Lehrbuch.

Aufgabe 3

1. Aufwand (780,00 €)
2. Einnahme, Ertrag (jeweils 1.480,00 €)
3. Sofern Barkauf oder per Bank: Auszahlung, Ausgabe (jeweils 1.307,00 €); sofern Kauf auf Rechnung/Ziel: Ausgabe (1.307,00 €)
4. Auszahlung, Ausgabe, Aufwand (jeweils 450,00 €)
5. Darlehensgewährung: Auszahlung; Zinsanspruch: Einnahme, Ertrag (jeweils 180,00 €)
6. Einzahlung, Einnahme, Ertrag (jeweils 240,00 €)
7. Sofern Barverkauf oder per Bank: Einzahlung (3.260,00 €), Einnahme (3.260,00 €), Ertrag (3.260,00 €), Aufwand (3.000,00 €); sofern Verkauf auf Rechnung/Ziel: Einnahme (3.260,00 €), Ertrag (3.260,00 €), Aufwand (3.000,00 €)

Aufgabe 4

Die Einschätzung von Wolfgarten ist falsch. Der Einkauf von Collegeblöcken ist erfolgsneutral. Der Einkauf stellt eine Ausgabe dar. Sofern die Anschaffung per Barzahlung oder Banküberweisung erfolgt, liegt auch eine Auszahlung vor. Da die Reduktion des Geldvermögensbestands jedoch durch eine betragsgleiche Erhöhung des Sachvermögens neutralisiert wird, bleibt das Reinvermögen unverändert.

Aufgabe 5

1. Auszahlung (3.570,00 €), Ausgabe (3.570./. 570 VSt = 3.000,00 €), Aufwand (3.000 × 2/6 = 1.000,00 €)
2. Ausgabe (800,00 €), Aufwand (800,00 €)
3. Auszahlung (3.000,00 €)

3.2 Die Bilanz: Grundlage und Ergebnis des Buchführungssystems

3.2.1 Inventar und Inventur

Das Kapitel enthält keine Übungsaufgaben.

3.2.2 Die Aufstellung der Eröffnungsbilanz (S. 91 f.)

Aufgabe 1

a. Schulden/Fremdkapital (P)
b. Vermögen/Anlagevermögen (A)
c. Vermögen/Umlaufvermögen (A)
d. Schulden/Fremdkapital (P)
e. Vermögen/Umlaufvermögen (A)
f. Schulden/Eigenkapital (P)
g. Vermögen/Umlaufvermögen (A)
h. Vermögen/Anlagevermögen (A)
i. Schulden/Fremdkapital (P)
j. Vermögen/Umlaufvermögen (A)
k. Vermögen/Anlagevermögen (A)
A = Aktivkonto, P = Passivkonto

Aufgabe 2

a. UV
b. AV
c. AV
d. AV
e. UV
f. AV
g. UV
h. UV
i. UV
j. AV
UV = Umlaufvermögen, AV = Anlagevermögen

Aufgabe 3

I. Vermögen
  1. Anlagevermögen
     1.1 Betriebs- und Geschäftsausstattung
         Lkw 16.500,00
         Pkw 9.400,00
         sonstige BGA 10.600,00   36.500,00
  2. Umlaufvermögen
     2.1 Vorräte 5.500,00
     2.2 Forderungen aLuL 2.500,00
     2.3. Bankguthaben 23.900,00
  Summe Vermögen 68.400,00

II. Schulden
  1. Langfristige Schulden
     Darlehen bei der Kreissparkasse Köln 22.000,00
     Darlehen bei der Commerzbank 11.800,00   33.800,00
  2. Kurzfristige Schulden
     Verbindlichkeiten aLuL lt. Verzeichnis 15.300,00
  Summe Schulden 49.100,00

III. Ermittlung des Reinvermögens
     Summe Vermögen 68.400,00
  ./. Summe Schulden 49.100,00
  =   Reinvermögen 19.300,00

Aktiva		Bilanz (in EUR)		Passiva
A. Anlagevermögen		A. Eigenkapital		19.300,00
Betriebs- und Geschäfts-ausstattung	36.500,00	B. Verbindlichkeiten		
		Bankdarlehen		33.800,00
B. Umlaufvermögen		Verbindlichkeiten aLuL		15.300,00
Warenbestand	5.500,00			
Forderungen aLuL	2.500,00			
Bankguthaben	23.900,00			
Bilanzsumme	68.400,00	Bilanzsumme		68.400,00

Aufgabe 4

Siehe im Lehrbuch S. 80.

Die Inventur ist die Methode zur Erfassung aller Vermögensgegenstände und Schulden zum Bilanzstichtag. Hierzu ist jeder bilanzierende Unternehmer nach § 240 HGB verpflichtet. Die Verifizierung der Bestände kann durch körperliche oder buchmäßige Inventur durchgeführt werden. Die körperliche Inventur erfolgt durch Zählen, Messen oder Wiegen z. B. bei Handelsgütern. Bei der Buchinventur werden nicht materielle Güter, wie z. B. die Forderungen oder Verbindlichkeiten anhand der Überprüfung von Eingangs- und Ausgangsrechnungen durchgeführt.

Beim Inventar handelt es sich um das Ergebnis der Inventur. Es ist ein Protokoll der verifizierten Bilanzpositionen.

Aufgabe 5

Nein, Schulmeisters Vorgehen ist nicht korrekt. Zur Erstellung einer Bilanz, die den GoB genügt, müssen die hierin enthaltenen Positionen (also auch der Bestand an Hilfsstoffen) aufgrund einer Inventur verifiziert werden. Das heißt, es ist vom Unternehmer nachzuweisen, dass die Vermögensgegenstände und Schulden, die am Bilanzstichtag in der Bilanz ausgewiesen werden, auch tatsächlich vorhanden sind. Dies muss der Unternehmer nach § 240 HGB anhand einer Inventur nachweisen. Das Ergebnis wird im Anschluss im Inventar (=Protokollliste) ausgewiesen.

Zu prüfen ist, ob ein Inventurerleichterungsverfahren, wie z. B. die Gruppenbewertung, durchzuführen wäre. Somit wäre eine wirtschaftlichere Vorgehensweise denkbar.

3.2.3 Bestandsveränderungen: Die ersten Geschäftsvorfälle der digital print point OHG (S. 97 ff.)

Aufgabe 1

1. Aktiv-Passiv-Mehrung: Warenbestand (A) steigt, Verbindlichkeiten aLuL (P) steigen
2. Aktiv-Tausch: Kasse (A) steigt, Bank (A) sinkt
3. Aktiv-Tausch: BGA (A) steigt, Kasse (A) sinkt
4. Aktiv-Passiv-Mehrung: Warenbestand (A) steigt, Verbindlichkeiten aLuL (P) steigen
5. Aktiv-Passiv-Minderung: Bank (A) sinkt, Verbindlichkeiten aLuL (P) sinken
6. Passiv-Tausch: Darlehen (P) steigt, Verbindlichkeiten aLuL (P) sinken
7. Aktiv-Tausch: Bank (A) steigt, Forderungen aLuL (A) sinken
8. Aktiv-Passiv-Mehrung: Pkw (A) steigt, Verbindlichkeiten aLuL (P) steigen
9. Aktiv-Tausch: Postbank (A) steigt, Bank (A) sinkt

A=Aktivkonto, P=Passivkonto

Aufgabe 2

Teilaufgabe 2.1

Aktiva	Bilanz (in EUR)		Passiva
Warenbestand	12.500,00	Eigenkapital	5.300,00
Forderungen aLuL	1.850,00	Verbindlichkeiten aLuL	10.500,00
Bank	700,00		
Kasse	750,00		
	15.800,00		15.800,00

Teilaufgabe 2.2

Aktiva	Bilanz (in EUR)		Passiva
Warenbestand	12.500,00	Eigenkapital	5.300,00
Forderungen aLuL	1.770,00	Verbindlichkeiten aLuL	10.500,00
Bank	700,00		
Kasse	830,00		
	15.800,00		15.800,00

Teilaufgabe 2.3

Aktiva	Bilanz (in EUR)		Passiva
BGA	4.600,00	Eigenkapital	5.300,00
Warenbestand	12.500,00	Verbindlichkeiten aLuL	15.100,00
Forderungen aLuL	1.770,00		
Bank	700,00		
Kasse	830,00		
	20.400,00		20.400,00

Teilaufgabe 2.4

Aktiva	Bilanz (in EUR)		Passiva
BGA	4.600,00	Eigenkapital	5.300,00
Warenbestand	12.500,00	Verbindlichkeiten aLuL	15.100,00
Forderungen aLuL	1.640,00		
Bank	830,00		
Kasse	830,00		
	20.400,00		20.400,00

3.2 Die Bilanz: Grundlage und Ergebnis des Buchführungssystems

Teilaufgabe 2.5

Aktiva	Bilanz (in EUR)		Passiva
BGA	4.600,00	Eigenkapital	5.300,00
Warenbestand	12.500,00	Verbindlichkeiten aLuL	14.520,00
Forderungen aLuL	1.060,00		
Bank	830,00		
Kasse	830,00		
	19.820,00		19.820,00

Teilaufgabe 2.6

Aktiva	Bilanz (in EUR)		Passiva
BGA	4.600,00	Eigenkapital	5.300,00
Warenbestand	12.500,00	Verbindl. ggü. KI	5.000,00
Forderungen aLuL	1.060,00	Verbindlichkeiten aLuL	9.520,00
Bank	830,00		
Kasse	830,00		
	19.820,00		19.820,00

Teilaufgabe 2.7

Aktiva	Bilanz (in EUR)		Passiva
Pkw	3.500,00	Eigenkapital	5.300,00
BGA	4.600,00	Verbindl. ggü. KI	5.000,00
Warenbestand	12.500,00	Verbindlichkeiten aLuL	13.020,00
Forderungen aLuL	1.060,00		
Bank	830,00		
Kasse	830,00		
	23.320,00		23.320,00

Aufgabe 3

1. Aktiv-Passiv-Mehrung: BGA (A) steigt, Verbindlichkeiten aLuL (P) steigen
2. Aktiv-Tausch: Bank (A) steigt, Kasse (A) sinkt
3. Aktiv-Tausch: Büroeinrichtung (A) steigt, Kasse (A) sinkt
4. Aktiv-Passiv-Minderung: Verbindlichkeiten aLuL (P) sinken, Bank (A) sinkt
5. Aktiv-Passiv-Mehrung: Bank (A) steigt, Verbindl. ggü. KI (P) steigen
6. Passiv-Tausch: Verbindl. ggü. KI (P) steigen, Verbindlichkeiten aLuL (P) sinken
7. Aktiv-Passiv-Minderung: Verbindlichkeiten aLuL (P) sinken, Bank (A) sinkt

8. Aktiv-Tausch: Kasse (A) steigt, Bank (A) sinkt
9. Aktiv-Tausch: Bank (A) steigt, Forderungen aLuL (A) sinken
A = Aktivkonto, P = Passivkonto

3.3 Zur doppelten Buchführung

3.3.1 Bestandsbuchungen

3.3.1.1 Auflösung der Bilanz in Konten
Das Kapitel enthält keine Übungsaufgaben.

3.3.1.2 Kontenrahmen und Kontenplan (S. 103)

Aufgabe 1

Siehe im Lehrbuch S. 100 f.

Der Kontenrahmen stellt ein systematisches Verzeichnis von Konten eines Wirtschaftszweiges dar. Er ist dem Kontenplan übergeordnet und beinhaltet neben den möglichen zu nutzenden Konten auch die möglichen individuellen Freiräume. Er ist in Kontenklassen gegliedert, in denen Wesen und Inhalt der Konten gebündelt ausgewiesen werden. Die Kontenklassen werden wiederum in Kontengruppen und die Kontengruppen in die jeweilige Kontenart bzw. Kontenunterart unterteilt. Zu den Standardkontenrahmen zählt z. B. der SKR 03.

Der Kontenplan hingegen ist ein Extrakt aus dem Kontenrahmen und stellt eine individuelle Auflistung von Konten eines Unternehmens zusammen, mit deren Hilfe die betrieblichen Geschäftsvorfälle abgebildet werden sollen.

Aufgabe 2

Jeder Unternehmer sollte einen individuellen Kontenplan erstellen, da auch der Unternehmensgegenstand, die Größe und Zusammensetzung des Unternehmens sowie die hiermit verbundenen Betriebsprozesse einzigartig sind. Nur mit individuellen Kontenplänen lassen sich Geschäftsvorfälle innerhalb des Betriebs gezielt und realitätsnah abbilden.

Aufgabe 3

Siehe im Lehrbuch S. 100 ff.

Sachkonten sind Konten, welche in Bilanz und Gewinn- und Verlustrechnung eingehen. Man unterscheidet bei den Bilanzkonten (= Bestandskonten) zwischen Aktiv- und Passivkonten, die das Vermögen bzw. das Kapital des Unternehmens widerspiegeln.

3.3 Zur doppelten Buchführung

Bei den Erfolgskonten der Gewinn- und Verlustrechnung unterscheidet man zwischen Aufwands- und Ertragskonten. Hier wird im Falle des Aufwands der Werteverzehr eines Unternehmens und im Falle des Ertrags der Wertzuwachs abgebildet.

Personenkonten beziehen sich auf Kunden (Debitoren) bzw. auf Lieferanten (Kreditoren). Sie werden zur besseren Übersicht (5-stellig) bezogen auf die einzelne Person (also Kunde oder Lieferant) bebucht, um einen Überblick über den Stand von Forderungen und Verbindlichkeiten zu ermöglichen. Die Personenkonten werden im Rahmen des Jahresabschlusses stets in verdichteter Form in der Bilanz abgebildet. Die Summe der offenen Posten (OPOS) bei Kunden erfolgt als Ausweis über das Bestandskonto „Forderungen aus Lieferungen und Leistungen", die noch nicht ausgeglichenen Verbindlichkeiten werden kumuliert über „Verbindlichkeiten aus Lieferungen und Leistungen" abgebildet.

Aufgabe 4

Siehe im Lehrbuch S. 102 f.

Beim *Prozessgliederungsprinzip* erfolgt die Unterteilung des Kontenklassenaufbaus nach dem Prozess der betrieblichen Leistungserstellung (Kontenklasse 0–4) bis hin zu Leistungsverwertung (Kontenklassen 7–8).

Abschlussgliederungsprinzip bedeutet, dass der Aufbau der Kontenklassen nach der Bilanzgliederungsvorschrift § 266 HGB und der Gliederung der Gewinn- und Verlustrechnung nach § 275 HGB erfolgt. Die Bestandskonten werden in den Kontenklassen 0–4 abgebildet, die Erfolgskonten in den Klassen 5–7.

Aufgabe 5

Kontenbeispiele für Personalkosten: Löhne (4110), Gehälter (4120), Gesetzliche soziale Aufwendungen (4130), usw.

Kontenbeispiele für Anlagegüter: Pkw (0320), Betriebs- und Geschäftsausstattung (0410), Büroeinrichtung (0420) usw.

3.3.1.3 Buchen auf Bestandskonten (109 ff.)

Aufgabe 1

Soll	Forderungen aLuL (1400)		Haben
AB	12.500,00	1.	2.530,00
2.	160,00	3.	2.400,00
		SB	7.730,00
	12.660,00		12.660,00

Aufgabe 2

Soll	Verbindlichkeiten aLuL (1600)		Haben
3.	450,21	AB	12.830,42
5.	250,40	2.	825,23
SB	12.955,04		
	13.655,65		13.655,65

Aufgabe 3

S	Forderungen aLuL (1400)		H
AB	4.250,00	3.	1.250,00
		6.	480,00
		SB	2.520,00
	4.250,00		4.250,00

S	BGA (0410)		H
AB	3.850,00	5.	750,00
2.	400,00	SB	3.500,00
	4.250,00		4.250,00

S	Warenbestand (3980)		H
AB	5.125,00	SB	5.875,00
4.	250,00		
7.	500,00		
	5.875,00		5.875,00

S	Bank (1200)		H
AB	6.300,00	1.	1.100,00
3.	1.250,00	7.	500,00
		8.	400,00
		10.	200,00
		SB	5.350,00
	7.550,00		7.550,00

S	Kasse (1000)		H
AB	840,00	2.	400,00
1.	1.100,00	4.	250,00
5.	750,00	SB	2.520,00
6.	480,00		
	3.170,00		3.170,00

S	Verbindlichkeiten aLuL (1600)		H
8.	400,00	AB	4.500,00
SB.	7.600,00	9.	3.500,00
	8.000,00		8.000,00

S	Verbindl. ggü. KI (0630)		H
10.	200,00	AB	4.500,00
SB	4.300,00		
	4.500,00		4.500,00

S	Pkw (0320)		H
AB	0,00	SB	3.500,00
9.	3.500,00		
	3.500,00		3.500,00

3.3 Zur doppelten Buchführung

Aufgabe 4

S	Forderungen aLuL (1400)		H
AB	3.800,00	1.	500,00
		5.	280,00
		SB	3.020,00
	3.800,00		3.800,00

S	Warenbestand (3980)		H
AB	25.830,00	SB	28.630,00
2.	2.400,00		
6.	400,00		
	28.630,00		28.630,00

S	Bank (1200)		H
AB	6.825,00	2.	2.400,00
		3.	350,00
		6.	400,00
		7.	380,00
		SB	3.295,00
	6.825,00		6.825,00

S	Kasse (1000)		H
AB	2.800,00	4.	350,00
1.	500,00	SB	3.580,00
3.	350,00		
5.	280,00		
	3.930,00		3.930,00

S	BGA (0410)		H
AB	5.930,00	SB	6.660,00
4.	350,00		
7.	380,00		
	6.660,00		6.660,00

S	Verbindlichkeiten aLuL (1600)		H
SB	13.200,00	AB	13.200,00
	13.200,00		13.200,00

3.3.1.4 Der Buchungssatz auf seine Buchung S. 115 ff.)

Aufgabe 1

Tz.	Soll-Seite		Haben-Seite	
	Konto	Betrag (EUR)	Konto	Betrag (EUR)
1.	Kasse (1000)	250,00	Bank (1200)	250,00
2.	Büroeinrichtung (0420)	1.050,00	Verbindlichkeiten aLuL (1600)	1.050,00
3.	Warenbestand (3980)	2.430,00	Verbindlichkeiten aLuL (1600)	2.430,00
4.	Forderungen aLuL (1400)	890,00	BGA (0410)	890,00
5.	Ford. ggü. Personal (1530)	2.000,00	Kasse (1000)	2.000,00
6.	Bank (1200)	10.000,00	Verbindl. ggü. KI (0630)	10.000,00
7.	Verbindlichkeiten aLuL (1600)	350,00	Postbank (1100)	350,00
8.	Verbindlichkeiten aLuL (1600)	280,00	Bank (1200)	280,00
9.	Bank (1200)	2.380,00	Forderungen aLuL (1400)	2.380,00
10.	Bank (1200)	150,00	Kasse (1000)	150,00
11.	Verbindlichkeiten aLuL (1600)	2.300,00	Verbindl. ggü. KI (0630)	2.300,00

Aufgabe 2

1. Einzahlung vom Postbankkonto auf das Bankkonto.
2. Barkauf einer Registrierkasse.
3. Verrechnung einer Forderung mit einer Verbindlichkeit.
4. Kauf eines Grundstücks per Banküberweisung.
5. Barentnahme aus der Geschäftskasse zur Einlage auf das Bankkonto.
6. Umwandlung einer Lieferantenverbindlichkeit in ein Bankdarlehen.
7. Begleichung einer Lieferantenverbindlichkeit per Banküberweisung.
8. Kauf eines Pkw per Banküberweisung.
9. Ein Kunde begleicht seine Rechnung per Banküberweisung.

Aufgabe 3

Die Behauptung ist falsch. Sie gilt nur für Geschäftsvorfälle, die mit einem Aktiv- bzw. Passivtausch einhergehen. Darüber hinaus gibt es aber auch Vorfälle, die zu einer Aktiv-Passiv-Mehrung bzw. – Minderung führen. In diesem Fall mehren bzw. mindern sich zwei Konten.

Aufgabe 4

Tz.	Soll-Seite		Haben-Seite	
	Konto	Betrag (EUR)	Konto	Betrag (EUR)
1.	Bank (1200)	1.000,00	Kasse (1000)	1.000,00
2.	Pkw (0320)	8.000,00	Bank (1200)	8.000,00
3.	Kasse (1000)	1.800,00	Forderungen aLuL (1400)	1.800,00
4.	Kasse (1000)	2.000,00	Bank (1200)	2.000,00
5.	Warenbestand (3980)	1.200,00	Kasse (1000)	1.200,00
6.	Postbank (1100)	1.500,00	Kasse (1000)	1.500,00
7.	Bank (1200)	2.500,00	Forderungen aLuL (1400)	2.500,00
8.	Forderungen aLuL (1400)	200,00	Bank (1200)	200,00

S	BGA (0410)			H
AB	26.310,00	SB		26.310,00
	26.310,00			26.310,00

S	Warenbestand (3980)			H
AB	40.250,00	SB		41.450,00
5.	1.200,00			
	41.450,00			41.450,00

3.3 Zur doppelten Buchführung

S	Forderungen aLuL (1400)		H
AB	8.215,00	3.	1.800,00
8.	200,00	7.	2.500,00
		SB	4.115,00
	8.415,00		8.415,00

S	Kasse (1000)		H
AB	4.800,00	1.	1.000,00
3.	1.800,00	6.	1.500,00
4.	2.000,00	SB	6.100,00
	8.600,00		8.600,00

S	Bank (1200)		H
AB	28.630,00	2.	8.000,00
1.	1.000,00	4.	2.000,00
7.	2.500,00	5.	1.200,00
		8.	200,00
		SB	20.730,00
	32.130,00		32.130,00

S	Pkw (0320)		H
AB	0,00	SB	8.000,00
2.	8.000,00		
	8.000,00		8.000,00

S	Postbank (1100)		H
AB	0,00	SB	1.500,00
6.	1.500,00		
	1.500,00		1.500,00

Aufgabe 5

Tz.	Soll-Seite		Haben-Seite	
	Konto	Betrag (EUR)	Konto	Betrag (EUR)
1.	Kasse (1000)	350,00	BGA (0410)	350,00
2.	BGA (0410)	2.000,00	Verbindlichkeiten aLuL (1600)	1.500,00
			Kasse (1000)	500,00
3.	Warenbestand (3980)	1.500,00	Bank (1200)	1.500,00
4.	Bank (1200)	1.350,00	Forderungen aLuL (1400)	1.800,00
	Kasse (1000)	450,00		
5.	Verbindlichkeiten aLuL (1600)	5.000,00	Darlehen (1628)	5.000,00
6.	Kasse (1000)	1.000,00	Bank (1200)	1.000,00
7.	Verbindlichkeiten aLuL (1600)	2.800,00	Bank (1200)	2.800,00
8.	Darlehen (1628)	1.500,00	Bank (1200)	1.000,00
			Kasse (1000)	500,00

S	BGA (0410)		H		S	Kasse (1000)		H
AB	41.200,00	1.	350,00		AB	3.400,00	2.	500,00
2.	2.000,00	SB	42.850,00		1.	350,00	8.	500,00
					4.	450,00	SB	4.200,00
					6.	1.000,00		
	43.200,00		43.200,00			5.200,00		5.200,00

S	Bank (1200)		H		S	Forderungen aLuL (1400)		H
AB	34.583,00	3.	1.500,00		AB	13.240,00	4.	1.800,00
4.	1.350,00	6.	1.000,00				SB	11.440,00
		7.	2.800,00					
		8.	1.000,00					
		SB	29.633,00					
	35.933,00		35.933,00			13.240,00		13.240,00

S	Warenbestand (3980)		H		S	Verbindlichkeiten aLuL (1600)		H
AB	28.450,00	SB	29.950,00		AB	13.220,00	2.	1.500,00
3.	1.500,00				7.	2.800,00	5.	5.000,00
							SB	9.520,00
	29.950,00		29.950,00			16.020,00		16.020,00

S	Darlehen (1628)		H
8.	1.500,00	AB	0,00
SB	3.500,00	5.	5.000,00
	5.000,00		5.000,00

3.3 Zur doppelten Buchführung

3.3.1.5 Eröffnungs- und Schlussbilanzkonto (S. 120 ff.)

Aufgabe 1

Tz.	Soll-Seite		Haben-Seite	
	Konto	Betrag (EUR)	Konto	Betrag (EUR)
a.	Pkw (0320)	12.000,00	EBK (9000)	12.000,00
b.	BGA (0410)	23.800,00	EBK (9000)	23.800,00
c.	Forderungen aLuL (1400)	6.300,00	EBK (9000)	6.300,00
d.	Bank (1200)	2.400,00	EBK (9000)	2.400,00
e.	Kasse (1000)	1.350,00	EKB (9000)	1.350,00
f.	EBK (9000)	14.340,00	Eigenkapital (0880)	14.340,00
g.	EBK (9000)	22.050,00	Bankdarlehen (0650)	22.050,00
h.	EBK (9000)	9.960,00	Verbindlichkeiten aLuL (1600)	9.960,00
1.	BGA (0410)	2.800,00	Verbindlichkeiten aLuL (1600)	2.800,00
2.	Warenbestand (3980)	350,00	Verbindlichkeiten aLuL (1600)	350,00
3.	Verbindlichkeiten aLuL (1600)	4.500,00	Bank (1200)	4.500,00
4.	Bank (1200)	1.200,00	Forderungen aLuL (1400)	1.700,00
	Kasse (1000)	500,00		
5.	Verbindl. ggü. KI (0630)	1.500,00	Postbank (1100)	1.500,00
6.	Bank (1200)	350,00	Kasse (1000)	350,00
7.	Bank (1200)	200,00	Forderungen aLuL (1400)	200,00
i.	SBK (9998)	12.500,00	Pkw (0320)	12.500,00
j.	SBK (9998)	23.800,00	BGA (0410)	23.800,00
k.	SBK (9998)	350,00	Warenbestand (3980)	350,00
l.	SBK (9998)	4.600,00	Forderungen aLuL (1400)	4.600,00
m.	SBK (9998)	1.500,00	Kasse (1000)	1.500,00
n.	Eigenkapital (0880)	14.340,00	SBK (9998)	14.340,00
o.	Bankdarlehen (0650)	20.550,00	SBK (9998)	20.550,00
p.	Verbindlichkeiten aLuL (1600)	8.810,00	SBK (9998)	8.810,00
q.	Bank (1200)	350,00	SBK (9998)	350,00
r.	Postbank (1100)	1.500,00	SBK (9998)	1.500,00

S	Eröffnungsbilanzkonto (9000)		H
Eigenkapital (0880)	14.340,00	Pkw (0320)	12.500,00
Bankdarlehen (0650)	22.050,00	BGA (0410)	23.800,00
Verbindlichkeiten aLuL (1600)	9.960,00	Forderungen aLuL (1400)	6.300,00
		Bank (1200)	2.400,00
		Kasse (1000)	1.350,00
	46.350,00		46.350,00

S	Pkw (0320)		H	S	BGA (0410)		H
AB	12.500,00	SB	12.500,00	AB	23.800,00	SB	26.600,00
				1.	2.800,00		
	12.500,00		12.500,00		26.600,00		26.600,00

S	Forderungen aLuL (1400)		H	S	Bank (1200)		H
AB	6.300,00	4.	1.700,00	AB	2.400,00	3.	4.500,00
		SB	4.600,00	4.	1.200,00		
				6.	350,00		
				7.	200,00		
				SB	350,00		
	6.300,00		6.300,00		4.500,00		4.500,00

S	Kasse (1000)		H	S	Eigenkapital (0880)		H
AB	1.350,00	6.	350,00	SB	14.340,00	AB	14.340,00
4.	500,00	SB	1.500,00				
	1.850,00		1.850,00		14.340,00		14.340,00

3.3 Zur doppelten Buchführung

S	Bankdarlehen (0650)		H		S	Verbindlichkeiten aLuL (1600)		H
5.	1.500,00	AB	22.050,00		3.	4.500,00	AB	9.960,00
SB	20.550,00				SB	8.810,00	1.	2.800,00
							2.	350,00
							7.	200,00
	22.050,00		22.050,00			13.310,00		13.310,00

S	Warenbestand (3980)		H		S	Postbank (1100)		H
AB	0,00	SB	350,00		AB	0,00	5.	1.500,00
2.	350,00				SB	1.500,00		
	350,00		350,00			1.500,00		1.500,00

S	Schlussbilanzkonto (9998)		H
Pkw (0320)	12.500,00	Eigenkapital (0880)	14.340,00
BGA (0410)	26.600,00	Bankdarlehen (0650)	20.550,00
Warenbestand (3980)	350,00	Bank (1200)	350,00
Forderungen aLuL (1400)	4.600,00	Postbank (1100)	1.500,00
Kasse (1000)	1.500,00	Verbindlichkeiten aLuL (1600)	8.810,00
	45.550,00		45.550,00

Aufgabe 2

Tz.	Soll-Seite Konto	Betrag (EUR)	Haben-Seite Konto	Betrag (EUR)
a.	Pkw (0320)	24.350,00	EBK (9000)	24.350,00
b.	BGA (0410)	13.560,00	EBK (9000)	13.560,00
c.	RHB Bestand (3970)	8.690,00	EBK (9000)	8.690,00
d.	Warenbestand (3980)	9.430,00	EBK (9000)	9.430,00
e.	Forderungen aLuL (1400)	16.780,00	EBK (9000)	16.780,00
f.	Kasse (1000)	1.230,00	EBK (9000)	1.230,00
g.	EBK (9000)	34.880,00	Eigenkapital (0880)	34.880,00
h.	EBK (9000)	14.040,00	Bankdarlehen (0650)	14.040,00
i.	EBK (9000)	5.360,00	Verbindl. ggü. KI (0630)	5.360,00
j.	EBK (9000)	19.760,00	Verbindlichkeiten aLuL (1600)	19.760,00
1.	Warenbestand (3980)	6.240,00	Verbindlichkeiten aLuL (1600)	6.240,00
2.	Bank (1200)	430,00	Kasse (1000)	430,00
3.	Verbindlichkeiten aLuL (1600)	4.320,00	Verbindl. ggü. KI (0630)	4.320,00
4.	BGA (0410)	1.340,00	Bank (1200)	1.340,00
5.	Postbank (1100)	200,00	Kasse (1000)	200,00
6.	Bank (1200)	12.360,00	Forderungen aLuL (1400)	12.360,00
7.	Verbindlichkeiten aLuL (1600)	2.450,00	Forderungen aLuL (1400)	2.450,00
8.	Pkw (0320)	3.500,00	Verbindlichkeiten aLuL (1600)	3.500,00
k.	SBK (9998)	27.850,00	Pkw (0320)	27.850,00
l.	SBK (9998)	14.900,00	BGA (0410)	14.900,00
m.	SBK (9998)	8.690,00	RHB Bestand (3970)	8.690,00
n.	SBK (9998)	15.670,00	Warenbestand (3980)	15.670,00
o.	SBK (9998)	1.970,00	Forderungen aLuL (1400)	1.970,00
p.	SBK (9998)	11.450,00	Bank (1200)	11.450,00
q.	SBK (9998)	200,00	Postbank (1100)	200,00
r.	SBK (9998)	600,00	Kasse (1000)	600,00
s.	Eigenkapital (0880)	34.880,00	SBK (9998)	34.880,00
t.	Bankdarlehen (0650)	18.360,00	SBK (9998)	18.360,00
u.	Verbindl. ggü. KI (0630)	5.360,00	SBK (9998)	5.360,00
v.	Verbindlichkeiten aLuL (1600)	22.730,00	SBK (9998)	22.730,00

3.3 Zur doppelten Buchführung

S	Eröffnungsbilanzkonto (9000)		H
Eigenkapital (0880)	34.880,00	Pkw (0320)	24.350,00
Bankdarlehen (0650)	14.040,00	BGA (0410)	13.560,00
Verbindl. ggü. KI (0630)	5.360,00	RHB-Stoffe (3970)	8.690,00
Verbindlichkeiten aLuL (1600)	19.760,00	Warenbestand (3980)	9.430,00
		Forderungen aLuL (1400)	16.780,00
		Kasse (1000)	1.230,00
	74.040,00		74.040,00

S	Pkw (0320)		H
AB	24.350,00	SB	27.850,00
8.	3.500,00		
	27.850,00		27.850,00

S	BGA (0410)		H
AB	13.560,00	SB	14.900,00
4.	1.340,00		
	14.900,00		14.900,00

S	RHB-Stoffe (3970)		H
AB	8.690,00	SB	8.690,00
	8.690,00		8.690,00

S	Warenbestand (3980)		H
AB	9.430,00	SB	15.670,00
1.	6.240,00		
	15.670,00		15.670,00

S	Forderungen aLuL (1400)		H
AB	16.780,00	6.	12.360,00
		7.	2.450,00
		SB	1.970,00
	16.780,00		16.780,00

S	Kasse (1000)		H
AB	1.230,00	2.	430,00
		5.	200,00
		SB	600,00
	1.230,00		1.230,00

S	Eigenkapital (0880)		H
SB	34.880,00	AB	34.880,00
	34.880,00		34.880,00

S	Bankdarlehen (0650)		H
SB	18.360,00	AB	14.040,00
		3.	4.320,00
	18.360,00		18.360,00

S	Verbindl. ggü. KI (0630)		H
SB	5.360,00	AB	5.360,00
	5.360,00		5.360,00

S	Verbindlichkeiten aLuL (1600)		H
3.	4.320,00	AB	19.760,00
7.	2.450,00	1.	6.240,00
SB	22.730,00	8.	3.500,00
	29.500,00		29.500,00

S	Bank (1200)		H
AB	0,00	4.[1)]	1.340,00
2.[1)]	430,00	SB	11.450,00
6.[1)]	12.360,00		
	12.790,00		12.790,00

S	Postbank (1100)		H
AB	0,00	SB	200,00
5.	200,00		
	200,00		200,00

[1)] Vorstellbar ist auch eine Buchung auf der Soll-Seite des Kontos Verbindlichkeiten ggü. KI (0630) sofern unterstellt wird, dass es sich hierbei um ein überzogenes Girokonto handelt.

S	Schlussbilanzkonto (9998)		H
Pkw (0320)	27.850,00	Eigenkapital (0880)	34.880,00
BGA (0410)	14.900,00	Bankdarlehen (0650)	18.360,00
RHB-Stoffe (3970)	8.690,00	Verbindl. ggü. KI (0630)	5.360,00
Warenbestand (3980)	15.670,00	Verbindlichkeiten aLuL (1600)	22.730,00
Forderungen aLuL (1400)	1.970,00		
Bank (1200)	11.450,00		
Postbank (1100)	200,00		
Kasse (1000)	600,00		
	81.330,00		81.330,00

Aufgabe 3

Tz.	Soll-Seite Konto	Betrag (EUR)	Haben-Seite Konto	Betrag (EUR)
a.	Pkw (0320)	15.000,00	EBK (9000)	15.000,00
b.	BGA (0410)	28.200,00	EBK (9000)	28.200,00
c.	Warenbestand (3980)	14.800,00	EBK (9000)	14.800,00
d.	Forderungen aLuL (1400)	28.000,00	EBK (9000)	28.000,00
e.	Bank (1200)	38.540,00	EBK (9000)	38.540,00
f.	Kasse (1000)	18.400,00	EKB (9000)	18.400,00
g.	EBK (9000)	52.080,00	Eigenkapital (0880)	52.080,00
h.	EBK (9000)	45.000,00	Verbindl. ggü. KI (0630)	45.000,00
i.	EBK (9000)	45.860,00	Verbindlichkeiten aLuL (1600)	45.860,00
1.	Bank (1200)	8.000,00	Kasse (1000)	8.000,00
2.	Bank (1200) Kasse (1000)	9.500,00 2.500,00	Forderungen aLuL (1400)	12.000,00
3.	BGA (0410)	4.300,00	Verbindlichkeiten aLuL (1600)	4.300,00
4.	Pkw (0320)	25.000,00	Bank (1200)	25.000,00
5.	Bank (1200)	20.000,00	Verbindl. ggü. KI (0630)[1]	20.000,00
6.	Verbindlichkeiten aLuL (1600)	8.500,00	Bank (1200) Kasse (1000)	8.000,00 500,00
7.	Warenbestand (3980)	2.300,00	Verbindlichkeiten aLuL (1600) Kasse (1000)	1.300,00 1.000,00
j.	SBK (9998)	40.000,00	Pkw (0320)	40.000,00
k.	SBK (9998)	32.500,00	BGA (0410)	32.500,00
l.	SBK (9998)	17.100,00	Warenbestand (3980)	17.100,00
m.	SBK (9998)	16.000,00	Forderungen aLuL (1400)	16.000,00
n.	SBK (9998)	43.040,00	Bank (1200)	43.040,00
o.	SBK (9998)	11.400,00	Kasse (1000)	11.400,00
p.	Eigenkapital (0880)	52.080,00	SBK (9998)	52.080,00
q.	Verbindl. ggü. KI (0630)	65.000,00	SBK (9998)	65.000,00
r.	Verbindlichkeiten aLuL (1600)	42.960,00	SBK (9998)	42.960,00

[1] Vorstellbar wäre auch eine Buchung auf dem Konto Bankdarlehen (0650).

S	Eröffnungsbilanzkonto (9000)		H
Eigenkapital (0880)	52.080,00	Pkw (0320)	15.000,00
Verbindl. ggü. KI (0630)	45.000,00	BGA (0410)	28.200,00
Verbindlichkeiten aLuL (1600)	45.860,00	Warenbestand (3980)	14.800,00
		Forderungen aLuL (1400)	28.000,00
		Bank (1200)	38.540,00
		Kasse (1000)	18.400,00
	142.940,00		142.940,00

S	Pkw (0320)		H	S	BGA (0410)		H
AB	15.000,00	SB	40.000,00	AB	28.200,00	SB	32.500,00
4.	25.000,00			3.	4.300,00		
	40.000,00		40.000,00		32.500,00		32.500,00

S	Warenbestand (3980)		H	S	Forderungen aLuL (1400)		H
AB	14.800,00	SB	17.100,00	AB	28.000,00	2.	12.000,00
7.	2.300,00					SB	16.000,00
	17.100,00		17.100,00		28.000,00		28.000,00

S	Bank (1200)		H	S	Kasse (1000)		H
AB	38.540,00	4.	25.000,00	AB	18.400,00	1.	8.000,00
1.	8.000,00	6.	8.000,00	2.	2.500,00	6.	500,00
2.	9.500,00	SB	43.040,00			7.	1.000,00
5.	20.000,00					SB	11.400,00
	76.040,00		76.040,00		20.900,00		20.900,00

S	Eigenkapital (0880)		H	S	Verbindl. ggü. KI (0630)		H
SB	52.080,00	AB	52.080,00		65.000,00	AB	45.000,00
						5.	20.000,00
	52.080,00		52.080,00		65.000,00		65.000,00

3.3 Zur doppelten Buchführung

S	Verbindlichkeiten aLuL (1600)		H
6.	8.500,00	AB	45.860,00
SB	42.960,00	3.	4.300,00
		7.	1.300,00
	51.460,00		51.460,00

S	Schlussbilanzkonto (9998)		H
Pkw (0320)	40.000,00	Eigenkapital (0880)	52.080,00
BGA (0410)	32.500,00	Verbindl. ggü. KI (0630)	65.000,00
Warenbestand (3980)	17.100,00	Verbindlichkeiten aLuL (1600)	42.960,00
Forderungen aLuL (1400)	16.000,00		
Bank (1200)	43.040,00		
Kasse (1000)	11.400,00		
	160.040,00		160.040,00

3.3.1.6 Belegbuchhaltung
Das Kapitel enthält keine Übungsaufgaben.

3.3.1.7 EDV-gestützte Buchhaltung
Das Kapitel enthält keine Übungsaufgaben.

3.3.2 Erfolgsbuchungen

3.3.2.1 Methoden der Erfolgsermittlung
Das Kapitel enthält keine Übungsaufgaben.

3.3.2.2 Buchen auf Erfolgskonten (S. 157 ff.)

Aufgabe 1

Tz.	Soll-Seite		Haben-Seite	
	Konto	Betrag (EUR)	Konto	Betrag (EUR)
1.	Aushilfslöhne (4190)	300,00	Kasse (1000)	300,00
2.	Bank (1200)	2.500,00	Grundstückerträge (2750)	2.500,00
3.	Bank (1200)	2.500,00	Forderungen aLuL (1400)	2.500,00
4.	Kfz-Steuer (4510)	230,00	Bank (1200)	230,00
5.	Porto (4910)	25,00	Kasse (1000)	25,00
6.	BGA (0410)	4.830,00	Verbindlichkeiten aLuL (1600)	4.830,00
7.	Bank (1200)	230,00	Zinserträge (2650)	230,00
8.	Verbindlichkeiten aLuL (1600)	1.000,00	Bank (1200)	1.000,00
9.	Kfz-Reparaturen (4540)	120,00	Kasse (1000)	120,00
10.	Zinsaufwendungen (2110)	180,00	Bank (1200)	180,00
11.	Postbank (1100)	850,00	Kasse (1000)	850,00

1. Aufwand: Gewinnmindernd
2. Ertrag: Gewinnerhöhend
3. Erfolgsneutral
4. Aufwand: Gewinnmindernd
5. Aufwand: Gewinnmindernd
6. Erfolgsneutral
7. Ertrag: Gewinnerhöhend
8. Erfolgsneutral
9. Aufwand: Gewinnmindernd
10. Aufwand: Gewinnmindernd
11. Erfolgsneutral

3.3 Zur doppelten Buchführung

Aufgabe 2

Tz.	Soll-Seite		Haben-Seite	
	Konto	Betrag (EUR)	Konto	Betrag (EUR)
1.	Heizung (4230)	250,00	Bank (1200)	250,00
2.	Telefon (4920)	240,00	Verbindlichkeiten aLuL (1600)	240,00
3.	Verbindlichkeiten aLuL (1600)	240,00	Postbank (1100)	240,00
4.	Gehälter (4120)	2.100,00	Kasse (1000)	2.100,00
5.	Zinsaufwendungen (2110)	250,00	Bank (1200)	280,00
	NK Geldverkehr (4970)	30,00		
6.	Bank (1200)	1.500,00	Grundstückerträge (2750)	1.500,00
7.	Bank (1200)	230,00	Zinserträge (2650)	230,00
8.	Miete (4210)	2.300,00	Bank (1200)	2.300,00
9.	Porto (4910)	60,00	Kasse (1000)	60,00
10.	Kfz-Reparaturen (4540)	250,00	Kasse (1000)	250,00

S	Heizung (4230)	H	S	Gehälter (4120)	H
1.	250,00		4.	2.100,00	

S	Zinsaufwendungen (2110)	H	S	Grundstückerträge (2750)	H
5.	250,00			6.	1.500,00

S	Zinserträge (2650)	H	S	Miete (4210)	H
	7.	230,00	8.	2.300,00	

S	Kfz-Reparaturen (4540)	H	S	Porto (4910)	H
10.	250,00		9.	60,00	

S	Telefon (4920)	H	S	NK Geldverkehr (4970)	H
2.	240,00		5.	30,00	

Aufgabe 3

1. Erfassung der Ansprüche aus Miete, die bis dato vom Mieter noch nicht beglichen wurden.
2. Banküberweisung von Löhnen.
3. Kauf einer Registrierkasse auf Ziel.
4. Mietzahlung, die teilweise per Banküberweisung und teilweise bar erfolgte.
5. Barabhebung vom Bankkonto zur Einzahlung in die Geschäftskasse.
6. Verkauf eines Vermögensgegenstandes, der zur Betriebs- und Geschäftsausstattung zählt, auf Ziel zum Buchwert.
7. Barzahlung von Porto.
8. Kauf eines Pkw per Bankdarlehen.
9. Gutschrift von Provisionserträgen auf dem Bankkonto.
10. Barentnahme aus der Geschäftskasse und Einzahlung auf das Bankkonto sowie Überweisung vom Postbankkonto auf das Bankkonto.
11. Verrechnung einer Forderung mit einer Verbindlichkeit.

3.3.2.3 Abschluss von Erfolgskonten (S. 165 ff.)

Aufgabe 1

Telefon (4920)	= Aufwandskonto
Porto (4910)	= Aufwandskonto
Fuhrpark (0320)	= Aktivkonto
Provisionsertrag (8510)	= Ertragskonto
Rückstellungen (0970)	= Passivkonto
Forderungen aLuL (1400)	= Aktivkonto
Verbindlichkeiten aLuL (1600)	= Passivkonto
Eigenkapitel (0880)	= Passivkonto
Gehälter (4210)	= Aufwandskonto
Laufende Kfz-Kosten (4530)	= Aufwandskonto

Aufgabe 2

Siehe im Lehrbuch S. 154 ff. sowie S. 159 ff.

Erfolgswirksame Vorgänge werden über Aufwands- und Ertragskonten erfasst. Sie stellen Unterkonten des Kontos Eigenkapital dar und werden über das Gewinn- und Verlustrechnungskonto abgeschlossen. Der Saldo dieses Kontos fließt dann in das Eigenkapitalkonto ein, im Gewinnfall als Eigenkapitalmehrung und damit Mehrung eines Passivkontos auf der Haben-Seite, im Verlustfall auf der Soll-Seite.

3.3 Zur doppelten Buchführung

Aufgabe 3

1. Kauf von Porto, bar.
2. Auf-/Verrechnung einer Forderung aus einer Warenlieferung mit einer Verbindlichkeit aus einer erhaltenen Warenlieferung.
3. Abschluss des Gewinn- und Verlustrechnungskontos über das Eigenkapitalkonto im Verlustfall.
4. Bankgutschrift eines Provisionsertrages.
5. Barkauf von Betriebs- und Geschäftsausstattung, z. B. einer Registrierkasse.
6. Wareneinkauf auf Rechnung.
7. Barzahlung der Heizkosten.
8. Abschluss des Mietaufwandskontos über das Gewinn- und Verlustrechnungskonto.
9. Barabhebung vom betrieblichen Bankkonto zur Einlage in die Geschäftskasse.
10. Begleichung einer Verbindlichkeit ggü. einem Lieferanten per Banküberweisung.
11. Erfassung der Ansprüche aus Miete, die bis dato vom Mieter noch nicht beglichen wurden.

Aufgabe 4

Erfolgswirksame Geschäftsvorfälle haben einen Einfluss auf das Eigenkapital. Sie gehen mit einer Erhöhung (im Ertragsfall) bzw. Minderung (im Aufwandsfall) des Eigenkapitals einher. Zu nennen wäre hier z. B. die Barzahlung von Löhnen und Gehältern (Aufwand) oder Gutschrift von Zinsen (Ertrag). Erfolgsneutrale Vorgänge haben hingegen (mit Ausnahme von Privateinlagen und –entnahmen, die hier nicht näher thematisiert werden sollen) keinen Einfluss auf das Eigenkapital. Hierbei werden bspw. zwei Aktiv- bzw. zwei Fremdkapitalpositionen getauscht. Oder aber es liegt eine Aktiv-Passiv-Mehrung bzw. –Minderung vor, ohne das vom Geschäftsvorfall dabei das Eigenkapital verändert wird. Einen klassischen Aktivtausch stellt bspw. der Barkauf einer Registrierkasse dar.

Aufgabe 5

Tz.	Soll-Seite		Haben-Seite	
	Konto	Betrag (EUR)	Konto	Betrag (EUR)
1.	BGA (0410)	1.450,00	Verbindlichkeiten aLuL (1600)	1.450,00
2.	Postbank (1100)	500,00	Kasse (1000)	500,00
3.	Bank (1200)	8.300,00	Provisionsumsätze (8510)	8.300,00
4.	Aushilfslöhne (4190)	450,00	Kasse (1000)	450,00
5.	Zinsaufwendungen (2110)	450,00	Bank (1200)	450,00
6.	Laufende Kfz-Kosten (4530)	82,00	Bank (1200)	82,00
7.	Gehälter (4120)	2.500,00	Bank (1200)	2.500,00
8.	Büroeinrichtung (0420)	1.400,00	Verbindlichkeiten aLuL (1600)	1.400,00
9.	Miete (4210)	2.500,00	Bank (1200)	2.500,00
a.	GuV-Konto (9999)	2.318,00	Eigenkapital (0880)	2.318,00

S	Pkw (0320)		H	S	BGA (0410)		H
AB	45.000,00	SB	45.000,00	AB	15.000,00	SB	17.850,00
				1.	1.450,00		
				8.	1.400,00		
	45.000,00		45.000,00		17.850,00		17.850,00

S	Bankdarlehen (0650)		H	S	Verbindlichkeiten aLuL (1600)		H
SB	24.500,00	AB	24.500,00	SB	17.150,00	AB	14.300,00
						1.	1.450,00
						8.	1.400,00
	24.500,00		24.500,00		17.150,00		17.150,00

S	Bank (1200)		H	S	Kasse (1000)		H
AB	25.000,00	5.	450,00	AB	4.500,00	2.	500,00
3.	8.300,00	6.	82,00			4.	450,00
		7.	2.500,00			SB	3.550,00
		9.	2.500,00				
		SB	27.768,00				
	33.300,00		33.300,00		4.500,00		4.500,00

S	Eigenkapital (0880)		H	S	Postbank (1100)		H
SB	53.018,00	AB	50.700,00	AB	0,00	SB	500,00
		GuV	2.318,00	2.	500,00		
	53.018,00		53.018,00		500,00		500,00

S	Provisionsumsätze (8510)		H	S	Aushilfslöhne (4190)		H
GuV	8.300,00	3.	8.300,00	4.	450,00	GuV	450,00
	8.300,00		8.300,00		450,00		450,00

S	Zinsaufwendungen (2110)		H	S	Laufende Kfz-Kosten (4530)		H
5.	450,00	GuV	450,00	6.	82,00	GuV	82,00
	450,00		450,00		82,00		82,00

3.3 Zur doppelten Buchführung

S	Gehälter (4120)		H
7.	2.500,00	GuV	2.500,00
	2.500,00		2.500,00

S	Miete (4210)		H
9.	2.500,00	GuV	2.500,00
	2.500,00		2.500,00

S	Gewinn- und Verlustrechnungskonto (9999)		H
Aushilfslöhne (4190)	450,00	Provisionsumsätze (8510)	8.300,00
Zinsaufwendungen (2110)	450,00		
Laufende Kfz-Kosten (4530)	82,00		
Gehälter (4120)	2.500,00		
Miete (4210)	2.500,00		
EK	2.318,00		
	8.300,00		8.300,00

S	Schlussbilanzkonto (9998)		H
Pkw (0320)	45.000,00	Eigenkapital (0880)	53.018,00
BGA (0410)	17.850,00	Bankdarlehen (0650)	24.500,00
Bank (1200)	27.768,00	Verbindlichkeiten aLuL (1600)	17.150,00
Postbank (1100)	500,00		
Kasse (1000)	3.550,00		
	94.668,00		94.668,00

Aufgabe 6

Tz.	Soll-Seite		Haben-Seite	
	Konto	Betrag (EUR)	Konto	Betrag (EUR)
1.	BGA (0410)	2.500,00	Verbindlichkeiten aLuL (1600)	2.500,00
2.	Miete (4210)	2.800,00	Bank (1200)	2.800,00
3.	Verbindl. ggü. KI (0630)	1.500,00	Bank (1200)	1.500,00
4.	Gehälter (4120)	2.100,00	Bank (1200)	2.100,00
5.	Verbindlichkeiten aLuL (1600)	3.580,00	Postenbank (1100)	3.580,00
6.	Zinsaufwendungen (2110)	800,00	Bank (1200)	800,00
7.	Telefon (4920)	280,00	Verbindlichkeiten aLuL (1600)	280,00
8.	Verbindlichkeiten aLuL (1600)	280,00	Bank (1200)	280,00
9.	Porto (4910)	100,00	Kasse (1000)	100,00
10.	Bank (1200)	7.500,00	Forderungen aLuL (1400)	7.500,00
11.	Bank (1200)	450,00	Zinserträge (2650)	450,00
a.	Eigenkapital (0880)	5.630,00	GuV-Konto (9999), Verlust	5.630,00

S	BGA (0410)			H	S	Warenbestand (3980)			H
AB	15.230,00	SB		17.730,00	AB	25.680,00	SB		25.680,00
1.	2.500,00								
	17.730,00			17.730,00		25.680,00			25.680,00

S	Forderungen aLuL (1400)			H	S	Bank (1200)			H
AB	48.350,00	10.		7.500,00	AB	24.130,00	2.		2.800,00
		SB		40.850,00	10.	7.500,00	1.		1.500,00
					11	450,00	4.		2.100,00
							6.		800,00
							8.		280,00
							SB		24.600,00
	48.350,00			48.350,00		32.080,00			32.080,00

S	Postbank (1100)			H	S	Kasse (1000)			H
AB	8.350,00	5.		3.580,00	AB	2.840,00	9.		100,00
		SB		4.770,00			SB		2.740,00
	8.350,00			8.350,00		2.840,00			2.840,00

S	Eigenkapital (0880)			H	S	Verbindl. ggü. KI (0630)			H
GuV	5.630,00	AB		56.020,00	3.	1.500,00	AB		56.000,00
SB	50.390,00				SB	54.500,00			
	56.020,00			56.020,00		56.000,00			56.000,00

S	Verbindlichkeiten aLuL (1600)			H	S	Miete (4210)			H
5.	3.580,00	AB		12.560,00	2.	2.800,00	GuV		2.800,00
8.	280,00	1.		2.500,00					
SB	11.480,00	7.		280,00					
	15.340,00			15.340,00		2.800,00			2.800,00

S	Gehälter (4120)			H	S	Zinsaufwendungen (2110)			H
4.	2.100,00	GuV		2.100,00	6.	800,00	GuV		800,00
	2.100,00			2.100,00		800,00			800,00

3.3 Zur doppelten Buchführung

S	Telefon (4920)		H		S	Porto (4910)		H
7.	280,00	GuV	280,00		9.	100,00	GuV	100,00
	280,00		280,00			100,00		100,00

S	Zinserträge (2650)		H
GuV	450,00	11.	450,00
	450,00		450,00

S	Gewinn- und Verlustrechnungskonto (9999)		H
Miete (4210)	2.800,00	Zinserträge (2650)	450,00
Gehälter (4120)	2.100,00	EK (0880)	5.630,00
Zinsaufwendungen (2110)	800,00		
Telefon (4920)	280,00		
Porto (4910)	100,00		
	6.080,00		6.080,00

S	Schlussbilanzkonto (9998)		H
BGA (0410)	17.730,00	Eigenkapital (0880)	50.390,00
Warenbestand (3980)	25.680,00	Verbindl. ggü. KI (0630)	54.500,00
Forderungen aLuL (1400)	40.850,00	Verbindlichkeiten aLuL (1600)	11.480,00
Bank (1200)	24.600,00		
Postbank (1100)	4.770,00		
Kasse (1000)	2.740,00		
	116.370,00		116.370,00

3.3.2.4 Buchen auf Warenkonten als spezifisches Buchungsproblem im Erfolgsbereich (S. 174 ff.)

Aufgabe 1

Siehe im Lehrbuch S. 169.

Der Rohgewinn stellt die sogenannte Handelsspanne dar und errechnet sich als Differenz zwischen Verkaufspreis und Einstandspreis, wobei es sich beim Einstandspreis um den Einkaufspreis abzüglich der gewährten Nachlässe und zuzüglich eventuell anfallender Bezugsnebenkosten handelt.

Aufgabe 2

Siehe im Lehrbuch S. 169 ff.

Der Einkauf von Waren führt zu einer Erhöhung des Warenbestandes und wäre daher eigentlich auf dem Aktivkonto „Warenbestand" auf der Soll-Seite zu erfassen. Da der Verkauf von Waren mit einer Bestandsreduktion einhergeht, wäre dieser auf der Haben-Seite des Warenbestandskontos zu buchen. Gleichzeit wäre der Ertrag aus dem Warenverkauf auf dem Umsatzerlöskonto zu erfassen. Jeder Warenverkauf stellt daher einen erfolgswirksamen Vorgang der, der auf einem entsprechenden Aufwands- und Ertragskonto zu erfassen ist. Entsprechend der Grundsätze ordnungsmäßiger Buchführung würde jeder Verkauf von Handelsware demnach zwei Belege erfordern (keine Buchung ohne Beleg), zum einen die Kassenquittung und zum anderen einen Entnahmeschein.

Um dieser Problematik der Doppelbuchung aus dem Weg zu gehen, wendet man in der Praxis das sogenannte „aufwandsrechnerische Verfahren" (auch Just-in-time-Verfahren genannt) zur Erfassung des Warenverkehrs an. Es wird dabei unterstellt, dass jede innerhalb einer Abrechnungsperiode eingekaufte Ware auch in dieser verkauft und damit verbraucht wird. Deshalb wird in der Buchhaltung jeder Warenkauf direkt als Aufwand auf dem Aufwandskonto „Wareneingang" (3200) erfasst, zunächst unabhängig davon, ob die Ware auch tatsächlich verbraucht, also verkauft wird. Ob diese These aufgeht, wird erst am Ende der Abrechnungsperiode überprüft, indem der Anfangsbestand an Waren dem im Rahmen der Inventur ermittelten Schlussbestand gegenübergestellt wird.

Weichen Anfangs- und Schlussbestand lt. Inventur auf dem Warenbestandskonto von einander ab, ist die Differenz erfolgswirksam (bei einer Bestandsmehrung als Ertrag, bei einer Bestandsminderung als Aufwand) zu erfassen.

Aufgabe 3

Teilaufgabe 3.a

Tz.	Soll-Seite		Haben-Seite	
	Konto	Betrag (EUR)	Konto	Betrag (EUR)
1.	Wareneingang (3200)	2.450,00	Verbindlichkeiten aLuL (1600)	2.450,00
2.	Bank (1200)	6.360,00	Umsatzerlöse (8200)	6.360,00

```
S      Wareneingang (3200)      H        S      Umsatzerlöse (8200)      H
1.        2.450,00  | GuV    2.450,00    GuV      6.360,00  | 2.       6.360,00
          2.450,00  |        2.450,00             6.360,00  |          6.360,00


S      Warenbestand (3980)      H
AB        4.230,00  | SB     4.230,00
          4.230,00  |        4.230,00
```

3.3 Zur doppelten Buchführung

Teilaufgabe 3.b

Tz.	Soll-Seite		Haben-Seite	
	Konto	Betrag (EUR)	Konto	Betrag (EUR)
1.	Wareneingang (3200)	2.450,00	Verbindlichkeiten aLuL (1600)	2.450,00
2.	Bank (1200)	6.360,00	Umsatzerlöse (8200)	6.360,00
a.	Warenbestand (3980)	1.070,00	BV Waren (3950)	1.070,00

S	Wareneingang (3200)		H	S	Umsatzerlöse (8200)		H
1.	2.450,00	GuV	2.450,00	GuV	6.360,00	2.	6.360,00
	2.450,00		2.450,00		6.360,00		6.360,00

S	Warenbestand (3980)		H	S	Bestandsveränd. Waren (3950)		H
AB	4.230,00	SB	5.300,00	GuV	1.070,00	a.	1.070,00
a.	1.070,00						
	5.300,00		5.300,00		1.070,00		1.070,00

Es liegt eine Bestandserhöhung vor und im hier vorliegenden Fall handelt es sich beim Bestandsveränderungskonto um ein Ertragskonto. Mittels dieses Kontos wird der auf dem Wareneingangskonto zu viel erfasste Aufwand neutralisiert.

Teilaufgabe 3.c

Tz.	Soll-Seite		Haben-Seite	
	Konto	Betrag (EUR)	Konto	Betrag (EUR)
1.	Wareneingang (3200)	2.450,00	Verbindlichkeiten aLuL (1600)	2.450,00
2.	Bank (1200)	6.360,00	Umsatzerlöse (8200)	6.360,00
a.	BV Waren (3950)	410,00	Warenbestand (3980)	410,00

S	Wareneingang (3200)		H	S	Umsatzerlöse (8200)		H
1.	2.450,00	GuV	2.450,00	GuV	6.360,00	2.	6.360,00
	2.450,00		2.450,00		6.360,00		6.360,00

S	Warenbestand (3980)		H	S	Bestandsveränd. Waren (3950)		H
AB	4.230,00	SB	3.820,00	a.	410,00	GuV	410,00
		a.	410,00				
	4.230,00		4.230,00		410,00		410,00

Es liegt eine Bestandsminderung vor und im hier vorliegenden Fall handelt es sich beim Bestandsveränderungskonto um ein Aufwandskonto. Mittels dieses Kontos wird der auf dem Wareneingangskonto zu wenig enthaltene Aufwand erfasst.

Aufgabe 4

Tz.	Soll-Seite		Haben-Seite	
	Konto	Betrag (EUR)	Konto	Betrag (EUR)
1.	Wareneingang (3200)	4.500,00	Verbindlichkeiten aLuL (1600)	4.500,00
2.	Verbindlichkeiten aLuL (1600)	4.500,00	Bank (1200)	4.500,00
3.	Wareneingang (3200)	1.240,00	Verbindlichkeiten aLuL (1600)	1.240,00
4.	Forderungen aLuL (1400)	2.400,00	Umsatzerlöse (8200)	2.400,00
5.	Kasse (1000)	2.440,00	Umsatzerlöse (8200)	2.440,00
6.	Verbindlichkeiten aLuL (1600)	1.240,00	Bank (1200)	1.240,00
7.	Bank (1200)	3.460,00	Forderungen aLuL (1400)	3.460,00
8.	Warenbestand (3980)	250,00	BV Waren (3950)	250,00
a.	Eigenkapital (0880)	650,00	GuVK (9999), Verlust	650,00

Pkw (0320)					Warenbestand (3980)			
AB	14.530,00 €	SB	14.530,00 €	AB	5.930,00 €	SB	6.180,00 €
	14.530,00 €		14.530,00 €	BV	250,00 €		
					6.180,00 €		6.180,00 €

Forderungen aLuL (1400)					Bank (1200)			
AB	6.780,00 €	7.	3.460,00 €	AB	2.430,00 €	2.	4.500,00 €
4.	2.400,00 €	SB	5.720,00 €	7.	3.460,00 €	6.	1.240,00 €
	9.180,00 €		9.180,00 €			SB	150,00 €
					5.890,00 €		5.890,00 €

Kasse (1000)					Eigenkapital (0880)			
AB	1.230,00 €	SB	3.670,00 €	GuVK	650,00 €	AB	13.180,00 €
5.	2.440,00 €			SB	12.530,00 €		
	3.670,00 €		3.670,00 €		13.180,00 €		13.180,00 €

Bankdarlehen (0650)					Verbindlichkeiten aLuL (1600)			
SB	12.050,00 €	AB	12.050,00 €	2.	4.500,00 €	AB	5.670,00 €
	12.050,00 €		12.050,00 €	6.	1.240,00 €	1.	4.500,00 €
				SB	5.670,00 €	3.	1.240,00 €
					11.410,00 €		11.410,00 €

3.3 Zur doppelten Buchführung

Umsatzerlöse (8200)				BV Waren (3950)			
GuVK	4.840,00 €	4.	2.400,00 €	GuVK	250,00 €	Waren	250,00 €
		5.	2.440,00 €		250,00 €		250,00 €
	4.840,00 €		4.840,00 €				

Wareneingang (3200)			
1.	4.500,00 €	GuVK	5.740,00 €
2.	1.240,00 €		
	5.740,00 €		5.740,00 €

Gewinn- und Verlustrechnungskonto (9999)			
Wareneingang (3200)	5.740,00 €	Umsatzerlöse (8200)	4.840,00 €
		BV Waren (3950)	250,00 €
		Eigenkapital (0880)	650,00 €
	5.740,00 €		5.740,00 €

Schlussbilanzkonto (9998)			
Pkw (0320)	14.530,00 €	Eigenkapital (0880)	12.530,00 €
Warenbestand (3980)	6.180,00 €	Bankdarlehen (0650)	12.050,00 €
Forderungen aLuL (1400)	5.720,00 €	Verbindlichkeiten aLuL (1600)	5.670,00 €
Bank (1200)	150,00 €		
Kasse (1000)	3.670,00 €		
	30.250,00 €		30.250,00 €

Aufgabe 5

Warenbestand (3980)				BV Waren (3950)			
AB	20.000,00 €	SB	15.800,00 €	Waren	4.200,00 €	GuVK	4.200,00 €
		BV	4.200,00 €		4.200,00 €		4.200,00 €
	20.000,00 €		20.000,00 €				

Tz.	Soll-Seite		Haben-Seite	
	Konto	Betrag (EUR)	Konto	Betrag (EUR)
1.	BV Waren (3950)	4.200,00	Warenbestand (3980)	4.200,00

Aufgabe 6

Buchungssatz 5 ist richtig.

Aufgabe 7

Tz.	Soll-Seite		Haben-Seite	
	Konto	Betrag (EUR)	Konto	Betrag (EUR)
1.	BGA (0410)	450,00	Bank (1200)	450,00
2.	Wareneingang (3200)	1.250,00	Verbindlichkeiten aLuL (1600)	1.250,00
3.	Kasse (1000)	900,00	Umsatzerlöse (8200)	900,00
4.	Wareneingang (3200)	1.000,00	Verbindlichkeiten aLuL (1600)	1.000,00
5.	Forderungen aLuL (1400)	960,00	Umsatzerlöse (8200)	960,00
6.	Verbindlichkeiten aLuL (1600)	1.250,00	Bank (1200)	1.250,00
7.	Telefon (4920)	180,00	Verbindlichkeiten aLuL (1600)	180,00
8.	Bank (1200)	960,00	Forderungen aLuL (1400)	960,00
9.	Bank (1200)	1.530,00	Forderungen aLuL (1400)	1.530,00
10.	Forderungen aLuL (1400)	180,00	Bank (1200)	180,00
11.	Verbindlichkeiten aLuL (1600)	180,00	Postbank (1100)	180,00
12.	BV Waren (3950)	1.680,00	Warenbestand (3980)	1.680,00
a.	Eigenkapital (0880)	2.250,00	GuVK (9999), Verlust	2.250,00

BGA (0410)			
AB	6.230,00 €	SB	6.680,00 €
1.	450,00 €		
	6.680,00 €		6.680,00 €

Warenbestand (3980)			
AB	9.680,00 €	SB	8.000,00 €
		BV	1.680,00 €
	9.680,00 €		9.680,00 €

Forderungen aLuL (1400)			
AB	4.350,00 €	8.	960,00 €
5.	960,00 €	9.	1.530,00 €
10.	180,00 €	SB	3.000,00 €
	5.490,00 €		5.490,00 €

Bank (1200)			
AB	5.130,00 €	1.	450,00 €
8.	960,00 €	6.	1.250,00 €
9.	1.530,00 €	10.	180,00 €
		11.	180,00 €
		SB	5.560,00 €
	7.620,00 €		7.620,00 €

3.3 Zur doppelten Buchführung

Kasse (1000)

AB	2.840,00 €	SB	3.740,00 €
3.	900,00 €		
	3.740,00 €		3.740,00 €

Eigenkapital (0880)

GuVK	2.250,00 €	AB	20.670,00 €
SB	18.420,00 €		
	20.670,00 €		20.670,00 €

Verbindl. ggü. KI (0630)

SB	5.000,00 €	AB	5.000,00 €
	5.000,00 €		5.000,00 €

Verbindlichkeiten aLuL (1600)

6.	1.250,00 €	AB	2.560,00 €
11.	180,00 €	2.	1.250,00 €
SB	3.560,00 €	4.	1.000,00 €
		7.	180,00 €
	4.990,00 €		4.990,00 €

Wareneingang (3200)

2.	1.250,00 €	GuVK	2.250,00 €
4.	1.000,00 €		
	2.250,00 €		2.250,00 €

Umsatzerlöse (8200)

GuVK	1.860,00 €	3.	900,00 €
		5.	960,00 €
	1.860,00 €		1.860,00 €

Telefon (4910)

7.	180,00 €	GuVK	180,00 €
	180,00 €		180,00 €

BV Waren (3950)

Waren	1.680,00 €	GuVK	1.680,00 €
	1.680,00 €		1.680,00 €

Gewinn- und Verlustrechnungskonto (9999)

BV Waren (3950)	1.680,00 €	Umsatzerlöse (8200)	1.860,00 €
Telefon (4910)	180,00 €	Eigenkapital (0880)	2.250,00 €
Wareneingang (3200)	2.250,00 €		
	4.110,00 €		4.110,00 €

Schlussbilanzkonto (9998)

BGA (0410)	6.680,00 €	Eigenkapital (0880)	18.420,00 €
Warenbestand (3980)	8.000,00 €	Verbindl. ggü. KI (0630)	5.000,00 €
Forderungen aLuL (1400)	3.000,00 €	Verbindlichkeiten aLuL (1600)	3.560,00 €
Bank (1200)	5.560,00 €		
Kasse (1000)	3.740,00 €		
	26.980,00 €		26.980,00 €

3.3.2.5 Erfolgsbuchungen mit WISO Buchhaltung (S. 179)

Aufgabe 1

BUCHUNGSLISTE

Soll	Haben	Gegenkonto-, -	Beleg-Nr.	Beleg Datum	Konto-Nr.	Text
840,80 €		8200	3	01.02	1000	
	25,00 €	4910	4	05.02	1000	
	87,98 €	4530	5	07.02	1000	
4.138,45 €		8200	6	08.02	1000	
	4.000,00 €	1200	7	08.02	1000	
	4,59 €	4930	8	14.02	1000	
3.983,85 €		8200	9	15.02	1000	
	4.500,00 €	1200	10	15.02	1000	
	32,80 €	4250	11	19.02	1000	
	530,00 €	4540	12	21.02	1000	
4.345,40 €		8200	13	22.02	1000	
	5.800,00 €	1200	14	22.02	1000	
	180,00 €	4806	15	26.02	1000	
	25,30 €	4985	16	28.02	1000	
1.238,00 €		1400	7	05.02	1200	
	480,00 €	1600	8	07.02	1200	
	124,70 €	4920	9	12.02	1200	
	3.500,00 €	4210	10	15.02	1200	
	2.800,00 €	4120	11	15.02	1200	
250,00 €		8510	12	19.02	1200	
	15.000,00 €	1600	13	22.02	1200	
	241,73 €	4510	14	26.02	1200	
	455,00 €	4520	15	28.02	1200	
12,36 €		2650	16	28.02	1200	
1.238,00 €		8200	1	01.02	10000	
4.320,00 €		8200	2	08.02	10000	
267,00 €		8200	3	15.02	10000	
7.560,00 €		8200	4	28.02	10000	
	124,70 €	4920	5	01.02	70000	
	480,00 €	3200	6	02.02	70000	
	25.680,00 €	0320	7	04.02	70000	Pkw
	3.240,00 €	3200	8	19.02	70000	
	280,00 €	0420	9	26.02	70000	Diktiergerät
	2.647,40 €	3200	10	28.02	70000	
	1.280,00 €	3980	1	28.02	3950	Abschluss Warenbestands-kto.
28.193,86 €	71.519,20 €	Saldo:		43.325,34 € H		

3.4 Literaturverzeichnis

Das Kapitel enthält keine Übungsaufgaben.

4 Ausgewählte Buchungsprobleme

4.1 Die buchhalterische Behandlung der Umsatzsteuer

4.1.1 Überblick

Das Kapitel enthält keine Übungsaufgaben.

4.1.2 Das System der Umsatzsteuer

Das Kapitel enthält keine Übungsaufgaben.

4.1.3 Steuerbare Umsätze und Umsatzsteuer-Voranmeldung (S. 201 f.)

Aufgabe 1

Siehe im Lehrbuch S. 168 ff.

Veräußert ein Unternehmer eine Ware an einen Kunden für brutto 119,00 € (inkl. 19 % USt, *allgemeiner Steuersatz*), so gilt der Nettobetrag in Höhe von 100,00 € als Entgelt (= *Bemessungsgrundlage*, § 10 UStG) und die hierauf entfallende Umsatzsteuer in Höhe von 19,00 € als sogenannte *Traglast*. Diese ist bei *Fälligkeit* zum 10. des Folgemonats beim zuständigen *Finanzamt* unter Abzug der *Vorsteuer* (= Forderung ggü. dem Finanzamt) per *ELSTER* (elektronischer Steuererklärung) anzumelden. Das Ergebnis (= Saldo von Traglast und Vorsteuer) ergeben die *Zahllast* bzw. den Vorsteuerüberhang.

Aufgabe 2

	USt-Traglast		1.000,00
./.	Vorsteuer		1.250,00
=	Vorsteuerüberhang	./.	250,00

Aufgabe 3
1. falsch
2. falsch
3. richtig
4. falsch

Aufgabe 4
Aussage 1. ist korrekt.

Aufgabe 5
4. Umsatzsteuer-Identifikationsnummer

Aufgabe 6
Teilaufgabe 6.1
325,30/1,07 = 304,02 EUR
Teilaufgabe 6.2
0,77/1,07 = 0,72 EUR
Teilaufgabe 6.3
1.250.350.000,00/1,07 = 1.168.551.402,00 EUR

Aufgabe 7
2. wird ermäßigt, d. h. mit 7 %, besteuert.

Aufgabe 8
Hinweis: Die Aufgabenstellung ist unvollständig. Es fehlt der Hinweis, dass es sich um Nettobeträge handelt.
Teilaufgabe 8.1
23,78 × 0,19 = 4,52 EUR
Teilaufgabe 8.2
2.355.550.000,00 × 0,19 = 447.554.500,00 EUR
Teilaufgabe 8.3
0,15 × 0,19 = 0,03 EUR

4.1 Die buchhalterische Behandlung der Umsatzsteuer

4.1.4 Die Buchung auf Umsatzsteuerkonten (S. 206 ff.)

Aufgabe 1

Tz.	Soll-Seite		Haben-Seite	
	Konto	Betrag (EUR)	Konto	Betrag (EUR)
1.	Wareneingang (3200)	3.000,00	Verbindlichkeiten aLuL (1600)	3.570,00
	Vorsteuer (19 %) (1576)	570,00		
2.	Laufende Kfz-Kosten (4530)	80,00	Kasse (1000)	92,50
	Vorsteuer (19 %) (1576)	12,50		
3.	Kasse (1000)	1.000,00	Bank (1200)	1.000,00
4.	Forderungen aLuL (1400)	8.925,00	Umsatzerlöse (8200)	7.500,00
			Umsatzsteuer (19 %) (1776)	1.425,00
5.	Telefon (4920)	250,00	Verbindlichkeiten aLuL (1600)	297,50
	Vorsteuer (19 %) (1576)	47,50		
6.	Kasse (1000)	238,00	Umsatzerlöse (8200)	200,00
			Umsatzsteuer (19 %) (1776)	38,00
7.	BGA (0410)	1.500,00	Kasse (1000)	1.785,00
	Vorsteuer (19 %) (1576)	285,00		
8.	Bank (1200)	1.190,00	Forderungen aLuL (1400)	1.190,00

S	Vorsteuer (19 %) (1576)		H		S	Umsatzsteuer (19 %) (1776)		H
1.	570,00	USt	915,00		VSt	915,00	4.	1.425,00
2.	12,50				SB	548,00	6.	38,00
3.	47,50							
7.	285,00							
	915,00		915,00			1.463,00		1.463,00

	USt-Traglast	1.463,00
	Vorsteuer	915,00
=	Umsatzsteuer-Zahllast	548,00

Aufgabe 2

Tz.	Soll-Seite		Haben-Seite	
	Konto	Betrag (EUR)	Konto	Betrag (EUR)
1.	Forderungen aLuL (1400)	267,50	Umsatzerlöse (8200)	250,00
			Umsatzsteuer (7 %) (1771)	17,50
2.	Bürobedarf (4930)	80,00	Kasse (1000)	95,20
	Vorsteuer (19 %) (1576)	15,20		
3.	Bank (1200)	267,50	Forderungen aLuL (1400)	267,50
4.	Bank (1200)	357,00	Umsatzerlöse (8200)	300,00
			Umsatzsteuer (19 %) (1776)	57,00
5.	Wareneingang (3200)	1.500,00	Verbindlichkeiten aLuL (1600)	1.785,00
	Vorsteuer (19 %) (1576)	285,00		
6.	Telefon (4920)	95,00	Verbindlichkeiten aLuL (1600)	113,05
	Vorsteuer (19 %) (1576)	18,05		
7.	Verbindlichkeiten aLuL (1600)	113,05	Postbank (1100)	113,05
8.	Pkw (0320)	25.000,00	Verbindl. ggü. KI (0630)	29.750,00
	Vorsteuer (19 %) (1576)	4.750,00		

4.1 Die buchhalterische Behandlung der Umsatzsteuer

Aufgabe 3

Tz.	Soll-Seite		Haben-Seite	
	Konto	Betrag (EUR)	Konto	Betrag (EUR)
1.	BGA (0410)	1.700,00	Verbindlichkeiten aLuL (1600)	2.023,00
	Vorsteuer (19 %) (1576)	323,00		
2.	Wareneingang (3200)	2.400,00	Verbindlichkeiten aLuL (1600)	2.856,00
	Vorsteuer (19 %) (1576)	456,00		
3.	Forderungen aLuL (1400)	11.900,00	Umsatzerlöse (8200)	10.000,00
			Umsatzsteuer (19 %) (1776)	1.900,00
4.	Bank (1200)	11.900,00	Forderungen aLuL (1400)	11.900,00
5.	Kfz-Reparaturen (4540)	400,00	Verbindlichkeiten aLuL (1600)	476,00
	Vorsteuer (19 %) (1576)	76,00		
6.	Bürobedarf (4930)	180,00	Kasse (1000)	214,20
	Vorsteuer (19 %) (1576)	34,20		
7.	Forderungen aLuL (1400)	357,00	Umsatzerlöse (8200)	300,00
			Umsatzsteuer (19 %) (1776)	57,00
8.	Laufende Kfz-Kosten (4530)	50,00	Kasse (1000)	59,50
	Vorsteuer (19 %) (1576)	9,50		
9.	Kfz-Steuer (4510)	280,00	Bank (1200)	280,00
10.	Wareneingang (3200)	625,00	Verbindlichkeiten aLuL (1600)	668,75
	Vorsteuer (7 %) (1571)	43,75		
11.	Bank (1200)	210,00	Zinserträge (2650)	210,00
12.	Gehälter (4120)	2.000,00	Bank (1200)	2.000,00
13.	Postbank (1100)	1.800,00	Kasse (1000)	1.800,00
14.	Telefon (4920)	380,00	Verbindlichkeiten aLuL (1600)	452,20
	Vorsteuer (19 %) (1576)	72,20		
15.	Verbindlichkeiten aLuL (1600)	452,20	Bank (1200)	452,20

4.1.5 Abschluss der Umsatzsteuerkonten (S. 210 ff.)

Aufgabe 1

Tz.	Soll-Seite		Haben-Seite	
	Konto	Betrag (EUR)	Konto	Betrag (EUR)
1.	Bank (1200)	17.850,00	Provisionsumsätze (8510)	15.000,00
			Umsatzsteuer (19 %) (1776)	2.850,00
2.	Bank (1200)	1.190,00	Umsatzerlöse (8200)	1.000,00
			Umsatzsteuer (19 %) (1776)	190,00
3.	Bürobedarf (4930)	100,00	Kasse (1000)	119,00
	Vorsteuer (19 %) (1576)	19,00		
4.	Wareneingang (3200)	2.000,00	Verbindlichkeiten aLuL (1600)	2.380,00
	Vorsteuer (19 %) (1576)	380,00		
5.	BGA (0410)	2.000,00	Verbindlichkeiten aLuL (1600)	2.380,00
	Vorsteuer (19 %) (1576)	380,00		
6.	Bank (1200)	150,00	Zinserträge (2650)	150,00
7.	Kasse (1000)	476,00	Umsatzerlöse (8200)	400,00
			Umsatzsteuer (19 %) (1776)	76,00
8.	USt-Vorauszahlung (1780)	600,00	Bank (1200)	600,00
9.	Telefonkosten (4920)	200,00	Verbindlichkeiten aLuL (1600)	238,00
	Vorsteuer (19 %) (1576)	38,00		
10.	Verbindlichkeiten aLuL (1600)	238,00	Bank (1200)	238,00
11.	Laufende Kfz-Kosten (4530)	80,00	Kasse (1000)	95,20
	Vorsteuer (19 %) (1576)	15,20		
12.	Gehälter (4120)	2.500,00	Bank (1200)	2.500,00
13.	Warenbestand (3980)	1.700,00	BV Waren (3950)	1.700,00
a.	Umsatzsteuer (19 %) (1776)	600,00	USt-Vorauszahlung (1780)	600,00
b.	Umsatzsteuer (19 %) (1776)	832,20	Vorsteuer (19 %) (1576)	832,20
c.	GuVK (9999), Gewinn	13.370,00	Eigenkapital (0880)	13.370,00

	Maschinen (0210)				Pkw (0320)		
AB	120.000,00 €	SB	120.000,00 €	AB	25.000,00 €	SB	25.000,00 €
	120.000,00 €		120.000,00 €		25.000,00 €		25.000,00 €

4.1 Die buchhalterische Behandlung der Umsatzsteuer

	BGA (0410)		
AB	85.000,00 €	SB	87.000,00 €
5.	2.000,00 €		
	87.000,00 €		87.000,00 €

	Warenbestand (3980)		
AB	2.300,00 €	SB	4.000,00 €
BV	1.700,00 €		
	4.000,00 €		4.000,00 €

	Forderungen aLuL (1400)		
AB	6.150,00 €	SB	6.150,00 €
	6.150,00 €		6.150,00 €

	Bank (1200)		
AB	800,00 €	8.	600,00 €
1.	17.850,00 €	10.	238,00 €
2.	1.190,00 €	12.	2.500,00 €
6.	150,00 €	SB	16.652,00 €
	19.990,00 €		19.990,00 €

	Kasse (1000)		
AB	500,00 €	3.	119,00 €
7.	476,00 €	11.	95,20 €
		SB	761,80 €
	976,00 €		976,00 €

	Eigenkapital (0880)		
SB	126.020,00 €	AB	112.650,00 €
		GuVK	13.370,00 €
	126.020,00 €		126.020,00 €

	Verbindl. ggü. KI (0630)		
SB	100.500,00 €	AB	100.500,00 €
	100.500,00 €		100.500,00 €

	Verbindlichkeiten aLuL (1600)		
10.	238,00 €	AB	26.600,00 €
SB	31.360,00 €	4.	2.380,00 €
		5.	2.380,00 €
		9.	238,00 €
	31.598,00 €		31.598,00 €

	Provisionsumsätze (8510)		
GuVK	15.000,00 €	1.	15.000,00 €
	15.000,00 €		15.000,00 €

	Umsatzsteuer (19 %) (1776)		
VSt	832,20 €	1.	2.850,00 €
Vor.	600,00 €	2.	190,00 €
SB	1.683,80 €	7.	76,00 €
	3.116,00 €		3.116,00 €

	Umsatzerlöse (8200)		
GuVK	1.400,00 €	2.	1.000,00 €
		7.	400,00 €
	1.400,00 €		1.400,00 €

	Wareneingang (3200)		
4.	2.000,00 €	GuVK	2.000,00 €
	2.000,00 €		2.000,00 €

	Bürobedarf (4930)		
3.	100,00 €	GuVK	100,00 €
	100,00 €		100,00 €

	USt-Vorauszahlung (1780)		
8.	600,00 €	USt	600,00 €
	600,00 €		600,00 €

	Zinserträge (2650)				Laufende Kfz-Kosten (4530)		
GuVK	150,00 €	6.	150,00 €	11.	80,00 €	GuVK	80,00 €
	150,00 €		150,00 €		80,00 €		80,00 €

	Telefon (4910)				BV Waren (3950)		
9.	200,00 €	GuVK	200,00 €	GuVK	1.700,00 €	Waren	1.700,00 €
	200,00 €		200,00 €		1.700,00 €		1.700,00 €

	Gehälter (4120)				Vorsteuer (19 %) (1576)		
12.	2.500,00 €	GuVK	2.500,00 €	3.	19,00 €	USt	832,20 €
	2.500,00 €		2.500,00 €	4.	380,00 €		
				5.	380,00 €		
				9.	38,00 €		
				11.	15,20 €		
					832,20 €		832,20 €

Gewinn- und Verlustrechnungskonto (9999)			
Bürobedarf (4930)	100,00 €	Provisionsumsätze (8510)	15.000,00 €
Telefon (4910)	200,00 €	Umsatzerlöse (8200)	1.400,00 €
Gehälter (4120)	2.500,00 €	Zinserträge (2650)	150,00 €
Wareneingang (3200)	2.000,00 €	BV Waren (3950)	1.700,00 €
Laufende Kfz-Kosten (4530)	80,00 €		
Eigenkapital (0880), Gewinn	13.370,00 €		
	18.250,00 €		18.250,00 €

Schlussbilanzkonto (9998)			
Maschinen (0210)	120.000,00 €	Eigenkapital (0880)	126.020,00 €
Pkw (0320)	25.000,00 €	Verbindl. ggü. KI (0630)	100.500,00 €
BGA (0410)	87.000,00 €	Verbindlichkeiten aLuL (1600)	31.360,00 €
Warenbestand (3980)	4.000,00 €	Umsatzsteuer (19 %) (1776)	1.683,80 €
Forderungen aLuL (1400)	6.150,00 €		
Bank (1200)	16.652,00 €		
Kasse (1000)	761,80 €		
	259.563,80 €		259.563,80 €

4.1 Die buchhalterische Behandlung der Umsatzsteuer

Aufgabe 2

Tz.	Soll-Seite Konto	Betrag (EUR)	Haben-Seite Konto	Betrag (EUR)
1.	Bank (1200)	1.000,00	Kasse (1000)	1.000,00
2.	Kasse (1000)	2.499,00	Umsatzerlöse (8200)	2.100,00
			Umsatzsteuer (19 %) (1776)	399,00
3.	Gehälter (4120)	2.100,00	Bank (1200)	2.100,00
4.	Wareneingang (3200)	3.000,00	Verbindlichkeiten aLuL (1600)	3.570,00
	Vorsteuer (19 %) (1576)	570,00		
5.	Miete (4210)	2.300,00	Bank (1200)	2.300,00
6.	Bank (1200)	428,00	Umsatzerlöse (8200)	400,00
			Umsatzsteuer (7 %) (1771)	28,00
7.	Gewerbesteuer (4320)	350,00	Bank (1200)	350,00
8.	Verbindlichkeiten aLuL (1600)	833,00	Bank (1200)	833,00
9.	Bank (1200)	280,00	Zinserträge (2650)	280,00
10.	Büromaterial (4930)	25,00	Kasse (1000)	29,75
	Vorsteuer (19 %) (1576)	4,75		
11.	Bank (1200)	1.190,00	Forderungen aLuL (1400)	1.190,00
12.	Kasse (1000)	714,00	Umsatzerlöse (8200)	667,29
			Umsatzsteuer (7 %) (1771)	46,71
13.	Bank (1200)	1.190,00	Provisionsumsätze (8510)	1.000,00
			Umsatzsteuer (19 %) (1776)	190,00
14.	BV Waren (3950)	2.450,00	Warenbestand (3980)	2.450,00
a.	Umsatzsteuer (19 %) (1776)	574,75	Vorsteuer (19 %) (1576)	574,75
b.	Eigenkapital (0880)	5.731,00	GuVK (9999), Verlust	5.731,00

BGA (0410)			
AB	2.200,00 €	SB	2.200,00 €
	2.200,00 €		2.200,00 €

Kasse (1000)			
AB	3.400,00 €	1.	1.000,00 €
2.	2.499,00 €	10.	29,75 €
11.	763,98 €	SB	5.633,23 €
	6.662,98 €		6.662,98 €

Bank (1200)			
AB	9.580,00 €	3.	2.100,00 €
1.	1.000,00 €	5.	2.300,00 €
6.	428,00 €	7.	350,00 €
9.	280,00 €	8.	833,00 €
11.	1.190,00 €	SB	8.085,00 €
13.	1.190,00 €		
	13.668,00 €		13.668,00 €

Warenbestand (3980)			
AB	16.450,00 €	SB	14.000,00 €
		BV	2.450,00 €
	16.450,00 €		16.450,00 €

Forderungen aLuL (1400)				Eigenkapital (0880)			
AB	1.240,00 €	11.	1.190,00 €	GuVK	5.731,00 €	AB	29.650,00 €
		SB	50,00 €	SB	23.919,00 €		
	1.240,00 €		1.240,00 €		29.650,00 €		29.650,00 €

Verbindlichkeiten aLuL (1600)				Umsatzerlöse (8200)			
8.	833,00 €	AB	3.220,00 €	GuVK	3.214,00 €	2.	2.100,00 €
SB	5.957,00 €	4.	3.570,00 €			6.	400,00 €
	6.790,00 €		6.790,00 €			12.	714,00 €
					3.214,00 €		3.214,00 €

Umsatzsteuer (19 %) (1776)				Vorsteuer (19 %) (1576)			
VSt	574,75 €	2.	399,00 €	4.	570,00 €	USt	574,75 €
SB	14,25 €	13.	190,00 €	10.	4,75 €		
	589,00 €		589,00 €		574,75 €		574,75 €

Umsatzsteuer (7 %) (1771)				Gehälter (4120)			
SB	77,98 €	6.	28,00 €	3.	2.100,00 €	GuVK	2.100,00 €
		12.	49,98 €		2.100,00 €		2.100,00 €
	77,98 €		77,98 €				

Miete (4210)				Wareneingang (3200)			
5.	2.300,00 €	GuVK	2.300,00 €	4.	3.000,00 €	GuVK	3.000,00 €
	2.300,00 €		2.300,00 €		3.000,00 €		3.000,00 €

Gewerbesteuer (4320)				Zinserträge (2650)			
7.	350,00 €	GuVK	350,00 €	GuVK	280,00 €	9.	280,00 €
	350,00 €		350,00 €		280,00 €		280,00 €

Bürobedarf (4930)				Provisionsumsätze (8510)			
10.	25,00 €	GuVK	25,00 €	GuVK	1.000,00 €	13.	1.000,00 €
	25,00 €		25,00 €		1.000,00 €		1.000,00 €

BV Waren (3950)			
Waren	2.450,00 €	GuVK	2.450,00 €
	2.450,00 €		2.450,00 €

4.2 Beschaffung und Absatz

Gewinn- und Verlustrechnungskonto (9999)			
Gehälter (4120)	2.100,00 €	Umsatzerlöse (8200)	3.214,00 €
Miete (4210)	2.300,00 €	Zinserträge (2650)	280,00 €
Wareneingang (3200)	3.000,00 €	Provisionsumsätze (8510)	1.000,00 €
Gewerbesteuer (4320)	350,00 €	Eigenkapital (0880)	5.731,00 €
Bürobedarf (4930)	25,00 €		
BV Waren (3950)	2.450,00 €		
	10.225,00 €		10.225,00 €

Schlussbilanzkonto (9998)			
BGA (0410)	2.200,00 €	Eigenkapital (0880)	23.919,00 €
Warenbestand (3980)	14.000,00 €	Verbindlichkeiten aLuL (1600)	5.957,00 €
Forderungen aLuL (1400)	50,00 €	Umsatzsteuer (19 %) (1776)	14,25 €
Bank (1200)	8.085,00 €	Umsatzsteuer (7 %) (1771)	77,98 €
Kasse (1000)	5.633,23 €		
	29.968,23 €		29.968,23 €

4.1.6 Anmerkungen zur Prüfungsvorbereitung

Das Kapitel enthält keine Übungsaufgaben.

4.2 Beschaffung und Absatz

4.2.1 Wareneinkauf (S. 227 ff.)

Aufgabe 1

1. Rückgabe von Leergut. Barauszahlung des Leergutbetrages inklusive der entsprechenden Umsatzsteuer.
2. Barabhebung vom Postbankkonto zur Einzahlung in die Geschäftskasse.
3. Barkauf von Waren zzgl. Frachtkosten unter Berücksichtigung der entsprechenden Vorsteuer (sowohl auf dem Warenwert als auch auf die Bezugsnebenkosten).
4. Abschluss des Warenbestandskontos bei einer Bestandsmehrung.
5. Abschluss des Vorsteuerkontos über das Umsatzsteuerkonto.
6. Verrechnung einer Forderung ggü. Kunden x mit einer Verbindlichkeit ggü. x.
7. Begleichung einer Lieferantenverbindlichkeit abzüglich Skonti per Banküberweisung. Die Vorsteuer wird entsprechend korrigiert.
8. Barkauf von Ware unter Berücksichtigung der entsprechenden Vorsteuer.
9. Abschluss des Wareneingangskontos über das Gewinn- und Verlustrechnungskonto.
10. Abschluss des Warenbestandskontos bei einer Bestandsminderung.

Aufgabe 2

Tz.	Soll-Seite		Haben-Seite	
	Konto	Betrag (EUR)	Konto	Betrag (EUR)
1.	Wareneingang (3200)	4.000,00	Verbindlichkeiten aLuL (1600)	4.760,00
	Vorsteuer (19 %) (1576)	760,00		
2.	Wareneingang (3200)	4.000,00	Verbindlichkeiten aLuL (1600)	4.760,00
	Vorsteuer (19 %) (1576)	760,00		
3.[1]	Verbindlichkeiten aLuL (1600)	952,00	Wareneingang (3200)	800,00
			Vorsteuer (19 %) (1576)	152,00
4.	Wareneingang (3200)	20.000,00	Bank (1200)	24.038,00
	Leergut (3830)	200,00		
	Vorsteuer (19 %) (1576)	3.838,00		
5.	Kasse (1000)	238,00	Leergut (3830)	200,00
			Vorsteuer (19 %) (1576)	38,00
6.[2]	Verbindlichkeiten aLuL (1600)	2.380,00	Bank (1200)	2.308,60
			Erh. Skonti (3730)	60,00
			Vorsteuer (19 %) (1576)	11,40
7.	Wareneingang (3200)	15.000,00	Verbindlichkeiten aLuL (1600)	17.850,00
	Vorsteuer (19 %) (1576)	2.850,00		
8.	BNK Waren (3800)	100,00	Kasse (1000)	119,00
	Vorsteuer (19 %) (1576)	19,00		
9.	Verbindlichkeiten aLuL (1600)	17.850,00	Wareneingang (3200)	15.000,00
			Vorsteuer (19 %) (1600)	2.850,00
	Bank (1200)	119,00	BNK Waren (3800)	100,00
			Vorsteuer (19 %) (1576)	19,00
10.	Wareneingang (3200)	500,00	Verbindlichkeiten aLuL (1600)	535,50
	Vorsteuer (19 %) (1576)	85,50	Erh. Rabatte (3770)	50,00
11.	Wareneingang (3200)	3.000,00	Verbindlichkeiten aLuL (1600)	3.570,00
	Vorsteuer (19 %) (1576)	570,00		
12.	Verbindlichkeiten aLuL (1600)	3.570,00	Bank (1200)	3.498,60
			Erh. Skonti (3730)	60,00
			Vorsteuer (19 %) (1576)	11,40

[1] Im Lehrbuch muss es heißen Tz. 1.

[2] Im Lehrbuch muss es heißen Waren und nicht „waven".

Aufgabe 3

Siehe im Lehrbuch S. 197, S. 205 sowie 299 ff.

Das Konto „erhaltene Anzahlungen auf Bestellungen" steht auf der Passiv-Seite, da es sich um Verbindlichkeiten ggü. den Kunden handelt, die die Anzahlungen geleistet haben. Das Unternehmen verzeichnet im Zuge der Anzahlung eine Erhöhung des Zahlungsmittelbestands, ohne dass es dafür eine Gegenleistung erbracht hat.

4.2 Beschaffung und Absatz

Aufgabe 4

Tz.	Soll-Seite Konto	Betrag (EUR)	Haben-Seite Konto	Betrag (EUR)
1.	Wareneingang (3200)	6.000,00	Verbindlichkeiten aLuL (1600)	7.378,00
	BNK Waren (3800)	200,00		
	Vorsteuer (19 %) (1576)	1.178,00		
2.	Wareneingang (3200)	7.500,00	Verbindlichkeiten aLuL (1600)	9.186,80
	BNK Waren (3800)	200,00		
	Leergut (3830)	20,00		
	Vorsteuer (19 %) (1576)	1.466,80		
3.	Verbindlichkeiten aLuL (1600)	23,80	Leergut (3830)	20,00
			Vorsteuer (19 %) (1576)	3,80
4.	Verbindlichkeiten aLuL (1600)	2.380,00	Wareneingang (3200)	2.000,00
			Vorsteuer (19 %) (1576)	380,00
5.	Verbindlichkeiten aLuL (1600)	238,00	Erh. Rabatte (3770)	200,00
			Vorsteuer (19 %) (1576)	38,00
6.	Verbindlichkeiten aLuL (1600)	4.760,00[1)]	Bank (1200)	4.617,20
			Erh. Skonti (3730)	120,00
			Vorsteuer (19 %) (1576)	22,80
7.	Verbindlichkeiten aLuL (1600)	297,50	Erh. Boni (3769)	250,00
			Vorsteuer (19 %) (1567)	47,50
8.	Kfz-Reparaturen (4540)	450,00	Verbindlichkeiten aLuL (1600)	535,50
	Vorsteuer (19 %) (1576)	85,50		
9.	Werbekosten (4600)	400,00	Kasse (1000)	476,00
	Vorsteuer (19 %) (1576)	76,00		
10.	Bank (1200)	1.190,00	Forderungen aLuL (1400)	1.190,00
11.	Bürobedarf (4930)	20,00	Kasse (1000)	23,80
	Vorsteuer (19 %) (1576)	3,80		
12.	Porto (4910)	20,00	Kasse (1000)	20,00
13.	Warenbestand (3980)	4.200,00	BV Waren (3950)	4.200,00
a.	Wareneingang (3200)	400,00	BNK Waren (3800)	400,00
b.	Erh. Rabatte (3770)	200,00	Wareneingang (3200)	200,00
c.	Erh. Skonti (3730)	120,00	Wareneingang (3200)	120,00
d.	Erh. Boni (3769)	250,00	Wareneingang (3200)	250,00
e.	Umsatzsteuer (19 %) (1776)	2.318,00	Vorsteuer (19 %) (1576)	2.318,00
f.	Eigenkapital (0880)	8.020,00	GuVK (9999), Verlust	8.020,00

[1)] Tz. 3 gehört nicht – wie fälschlich im Lehrbuch angegeben – zu Geschäftsvorfall 6, daher ergibt sich eine Restverbindlichkeit von 7.140 + 238 – 2.000 x 1,19 – 200 x1,19 = 4.760,00 EUR.

BGA (0410)			
AB	26.230,00 €	SB	26.230,00 €
	26.230,00 €		26.230,00 €

Warenbestand (3980)			
AB	15.800,00 €	SB	20.000,00 €
13.	4.200,00 €		
	20.000,00 €		20.000,00 €

Forderungen aLuL (1400)			
AB	54.780,00 €	10.	1.190,00 €
		SB	53.590,00 €
	54.780,00 €		54.780,00 €

Bank (1200)			
AB	15.130,00 €	6.	4.617,20 €
10.	1.190,00 €	SB	11.702,80 €
	16.320,00 €		16.320,00 €

Kasse (1000)			
AB	8.840,00 €	9.	476,00 €
		11.	23,80 €
		12.	20,00 €
		SB	8.320,20 €
	8.840,00 €		8.840,00 €

Eigenkapital (0880)			
GuVK	8.020,00 €	AB	83.420,00 €
SB	75.400,00 €		
	83.420,00 €		83.420,00 €

Verbindlichkeiten aLuL (1600)			
3.	23,80 €	AB	27.560,00 €
4.	2.380,00 €	1.	7.378,00 €
5.	238,00 €	2.	9.186,80 €
6.	4.760,00 €	8.	535,50 €
7.	297,50 €		
SB	36.961,00 €		
	44.660,30 €		44.660,30 €

Umsatzsteuer 19 % (1776)			
VSt	2.318,00 €	AB	9.800,00 €
SB	7.482,00 €		
	9.800,00 €		9.800,00 €

Wareneingang (3200)			
1.	6.000,00 €	4.	2.000,00 €
2.	7.500,00 €	b.	200,00 €
a.	400,00 €	c.	120,00 €
		d.	250,00 €
		GuVK	11.330,00 €
	13.900,00 €		13.900,00 €

Vorsteuer 19 % (1576)			
1.	1.178,00 €	3.	3,80 €
2.	1.466,80 €	4.	380,00 €
8.	85,50 €	5.	38,00 €
9.	76,00 €	6.	22,80 €
11.	3,80 €	7.	47,50 €
		USt	2.318,00 €
	2.810,10 €		2.810,10 €

4.2 Beschaffung und Absatz

BNK Waren (3800)			
1.	200,00 €	a.	400,00 €
2.	200,00 €		
	400,00 €		400,00 €

Leergut (3830)			
2.	20,00 €	3.	20,00 €
	20,00 €		20,00 €

Erh. Rabatte (3770)			
b.	200,00 €	5.	200,00 €
	200,00 €		200,00 €

Erh. Skonti (3730)			
c.	120,00 €	6.	120,00 €
	120,00 €		120,00 €

Erh. Boni (3769)			
d.	250,00 €	7.	250,00 €
	250,00 €		250,00 €

Kfz-Reparaturen (4540)			
8.	450,00 €	GuVK	450,00 €
	450,00 €		450,00 €

Werbekosten (4600)			
9.	400,00 €	GuVK	400,00 €
	400,00 €		400,00 €

Bürobedarf (4930)			
11.	20,00 €	GuVK	20,00 €
	20,00 €		20,00 €

Porto (4910)			
12.	20,00 €	GuVK	20,00 €
	20,00 €		20,00 €

BV Waren (3950)			
GuVK	4.200,00 €	13.	4.200,00 €
	4.200,00 €		4.200,00 €

Gewinn- und Verlustrechnungskonto (9999)			
Wareneingang (3200)	11.330,00 €	BV Waren (3950)	4.200,00 €
Kfz-Reparaturen (4540)	450,00 €	Eigenkapital (0880)	8.020,00 €
Werbekosten (4600)	400,00 €		
Bürobedarf (4930)	20,00 €		
Porto (4910)	20,00 €		
	12.220,00 €		12.220,00 €

Schlussbilanzkonto (9998)			
BGA (0410)	26.230,00 €	Eigenkapital	75.400,00 €
Warenbestand (3980)	20.000,00 €	Verbindlichkeiten aLuL	36.961,00 €
Forderungen aLuL (1400)	53.590,00 €	Umsatzsteuer 19 % (1776)	7.482,00 €
Bank (1200)	11.702,80 €		
Kasse (1000)	8.320,20 €		
	119.843,00 €		119.843,00 €

4.2.2 Warenverkauf (S. 237 ff.)

Aufgabe 1

1. Eine Kunde schickt mangelhafte Ware an die digital print point OGH zurück. Diese überweist den Gegenwert zzgl. USt auf das Bankkonto des Kunden.
2. Abschluss des Warenbestandskontos bei einer Bestandsminderung.
3. Ein Kunde begleicht eine Rechnung per Banküberweisung unter Abzug von Skonto. Die Umsatzsteuer wird entsprechend korrigiert.
4. Abschluss des Kontos gewährte Boni über das Umsatzerlöskonto.
5. Rücksendung von Waren. Der Lieferant zahlt den Bruttogegenwert der zurückgesendeten Waren bar. Die Vorsteuer wird entsprechend korrigiert.
6. Abschluss des Vorsteuerkontos über das Umsatzsteuerkonto.
7. Leistung einer Anzahlung per Banküberweisung. Es liegt eine zum Vorsteuerabzug berechtigende Rechnung vor.
8. Umbuchung einer geleisteten Anzahlung auf das Wareneingangskonto im Zuge der Begleichung der Endrechnung.
9. Barabhebung vom Bankkonto zur Einzahlung in die Geschäftskasse.
10. Rücksendung von Waren. Der Lieferant erteilt eine Gutschrift. Die Vorsteuer wird korrigiert.
11. Verkauf von Waren auf Ziel unter Berücksichtigung der entsprechenden Umsatzsteuer.

4.2 Beschaffung und Absatz

Aufgabe 2

Tz.	Soll-Seite		Haben-Seite	
	Konto	Betrag (EUR)	Konto	Betrag (EUR)
1.	Forderungen aLuL (1400)	3.094,00	Umsatzerlöse (8200)	2.600,00
			Umsatzsteuer (19 %) (1776)	494,00
2.	Bank (1200)	3.001,18	Forderungen aLuL (1400)	3.094,00
	Gew. Skonti (8730)	78,00		
	Umsatzsteuer (19 %) (1776)	14,82		
3.	Bank (1200)	1.785,00	Umsatzerlöse (8200)	1.500,00
			Umsatzsteuer (19 %) (1776)	285,00
4.	Erlösschmälerungen (8700)	785,00	Forderungen aLuL (1400)[1]	934,15
	Umsatzsteuer (19 %) (1776)	149,15		
5.	Forderungen aLuL (1400)	1.309,00[2]	Umsatzerlöse (8200)	1.300,00
	Gew. Rabatte (8770)	200,00	Umsatzsteuer (19 %) (1776)	209,00
6.	Wareneingang (3200)	500.000,00	Verbindlichkeiten aLuL (1600)	595.000,00
	Vorsteuer (19 %) (1576)	95.000,00		
7.	Verbindlichkeiten aLuL (1600)	59.500,00	Wareneingang (3200)	50.000,00
			Vorsteuer (19 %) (1576)	9.500,00
8.	Kasse (1000)	23.086,00	Umsatzerlöse (8200)	20.000,00
	Gew. Skonti (8730)	600,00	Umsatzsteuer (19 %) (1776)	3.686,00
9.	Erlösschmälerungen (8700)	85,00	Forderungen aLuL (1400)	101,15
	Umsatzsteuer (19 %) (1776)	16,15		
10.	Forderungen aLuL (1400)	2.380,00	Umsatzerlöse (8200)	2.500,00
	Gew. Rabatte (8770)	500,00	Umsatzsteuer (19 %) (1776)	380,00
11.	Kasse (1000)	2.332,40	Forderungen aLuL (1400)	2.380,00
	Gew. Skonti (8730)	40,00		
	Umsatzsteuer (19 %) (1776)	7,60		
12.	Forderungen aLuL (1400)	29.750,00	Umsatzerlöse (8200)	25.000,00
			Umsatzsteuer (19 %) (1776)	4.750,00
13.	Bank (1200)	29.155,00	Forderungen aLuL (1400)	29.750,00
	Gew. Skonti (8730)	500,00		
	Umsatzsteuer (19 %) (1776)	95,00		
14.	Warenbestand (3980)	2.000,00	BV Waren (3950)	2.000,00

[1] Vorstellbar wäre auch die Buchung auf dem Konto Verbindlichkeiten aLuL (1600), da ja ggü. der Hochschule gar keine Forderung mehr besteht.

[2] $(1.200 - 200 + 100) \times 1{,}19 = 1.309{,}00$ EUR

Aufgabe 3

Tz.	Soll-Seite		Haben-Seite	
	Konto	Betrag (EUR)	Konto	Betrag (EUR)
1.	Forderungen aLuL (1400)	11.305,00	Umsatzerlöse (8200)	10.000,00
	Gew. Rabatte (8770)	500,00	Umsatzsteuer (19 %) (1776)	1.805,00
2.	Transportvers. (4750)	250,00	Bank (1200)	250,00
3.	Bank (1200)	11.078,90	Forderungen aLuL (1400)	11.305,00
	Gew. Skonti (8730)	190,00		
	Umsatzsteuer (19 %) (1776)	36,10		
4.	Verpackungsmaterial (4710)	380,00	Verbindlichkeiten aLuL (1600)	452,20
	Vorsteuer (19 %) (1576)	72,20		
5.	Wareneingang (3200)	20.000,00	Verbindlichkeiten aLuL (1600)	23.800,00
	Vorsteuer (19 %) (1576)	3.800,00		
6.	BNK Waren (3800)	100,00	Verbindlichkeiten aLuL (1600)	119,00
	Vorsteuer (19 %) (1576)	19,00		
7.	Verbindlichkeiten aLuL (1600)	4.760,00	Wareneingang (3200)	4.000,00
			Vorsteuer (19 %) (1576)	760,00
8.	Verbindlichkeiten aLuL (1600)	19.040,00	Postbank (1100)	18.659,20
			Erh. Skonti (3730)	320,00
			Vorsteuer (19 %) (1576)	60,80
9.	Warenbestand (3980)	3.000,00	BV Waren (3950)	3.000,00
a.	Umsatzerlöse (8200)	500,00	Gew. Rabatte (8770)	500,00
b.	Kosten der Warenab. (4700)	250,00	Transportvers. (4750)	250,00
c.	Umsatzerlöse (8200)	190,00	Gew. Skonti (8730)	190,00
d.	Kosten der Warenab. (4700)	380,00	Verpackungsmaterial (4710)	380,00
e.	Wareneingang (3200)	100,00	BNK Waren (3800)	100,00
f.	Erh. Skonti (3730)	320,00	Wareneingang (3200)	320,00
g.	Umsatzsteuer (19 %) (1776)	1.768,90	Vorsteuer (19 %) (1576)	1.768,90
h.	Eigenkapital (0880)	4.100,00	GuVK (9999), Verlust	4.100,00

BGA (0410)				Pkw (0320)			
AB	145.000,00 €	SB	145.000,00 €	AB	15.000,00 €	SB	15.000,00 €
	145.000,00 €		145.000,00 €		15.000,00 €		15.000,00 €

4.2 Beschaffung und Absatz

Verbindlichkeiten aLuL (1600)				Warenbestand (3980)			
7.	4.760,00 €	AB	110.000,00 €	AB	25.000,00 €	SB	28.000,00 €
8.	19.040,00 €	4.	452,20 €	BV	3.000,00 €		
SB	110.571,20 €	5.	23.800,00 €		28.000,00 €		28.000,00 €
		6.	119,00 €				
	134.371,20 €		134.371,20 €				

Verbindl. ggü. KI (0630)				Forderungen aLuL (1400)			
SB	28.000,00 €	AB	28.000,00 €	AB	10.000,00 €	3.	11.305,00 €
	28.000,00 €		28.000,00 €	1.	11.305,00 €	SB	10.000,00 €
					21.305,00 €		21.305,00 €

Bank (1200)				Kasse (1000)			
AB	2.800,00 €	2.	250,00 €	AB	1.000,00 €	SB	1.000,00 €
3.	11.078,90 €	SB	13.628,90 €		1.000,00 €		1.000,00 €
	13.878,90 €		13.878,90 €				

Eigenkapital (0880)				Umsatzerlöse (8200)			
GuVK	4.100,00 €	AB	60.800,00 €	Rab.	500,00 €	1.	10.000,00 €
SB	56.700,00 €			Sko.	190,00 €		
	60.800,00 €		60.800,00 €	GuVK	9.310,00 €		
					10.000,00 €		10.000,00 €

gew. Rabatte (8770)				Umsatzsteuer (19 %) (1776)			
1.	500,00 €	UE	500,00 €	3.	36,10 €	1.	1.805,00 €
	500,00 €		500,00 €	VSt	1.768,90 €		
					1.805,00 €		1.805,00 €

Transportvers. (4750)				gew. Skonti (8730)			
2.	250,00 €	KWA	250,00 €	3.	190,00 €	UE	190,00 €
	250,00 €		250,00 €		190,00 €		190,00 €

Verpackungsmaterial (4710)				Vorsteuer (19 %) (1576)			
4.	380,00 €	KWA	380,00 €	4.	72,20 €	7.	760,00 €
	380,00 €		380,00 €	5.	3.800,00 €	8.	60,80 €
				6.	19,00 €	USt	1.768,90 €
						SB	1.301,50 €
					3.891,20 €		3.891,20 €

Wareneingang (3200)				BNK Waren (3800)			
5.	20.000,00 €	7.	4.000,00 €	6.	100,00 €	WE	100,00 €
BNK	100,00 €	Sko.	320,00 €		100,00 €		100,00 €
		GuVK	15.780,00 €				
	20.100,00 €		20.100,00 €				

Postbank (1100)				erh. Skonti (3730)			
AB	0,00 €	7.	18.659,20 €	WE	320,00 €	8.	320,00 €
	18.659,20 €		18.659,20 €		320,00 €		320,00 €

BV Waren (3950)				Kosten Warenab. (4700)			
GuVK	3.000,00 €	Waren	3.000,00 €	Tran.	250,00 €	GuVK	630,00 €
	3.000,00 €		3.000,00 €	Verp.	380,00 €		
					630,00 €		630,00 €

Gewinn- und Verlustrechnungskonto (9999)			
Wareneingang (3200)	15.780,00 €	BV Waren (3950)	3.000,00 €
Kosten Warenab. (4700)	630,00 €	Umsatzerlöse (8200)	9.310,00 €
		Eigenkapital (0880), Verlust	4.100,00 €
	16.410,00 €		16.410,00 €

Schlussbilanzkonto (9998)			
BGA (0410)	145.000,00 €	Eigenkapital (0880)	56.700,00 €
Pkw (0320)	15.000,00 €	Verbindl. ggü. KI (0630)	28.000,00 €
Warenbestand (3980)	28.000,00 €	Verbindlichkeiten aLuL (1600)	110.571,20 €
Forderungen aLuL (1400)	10.000,00 €	Postbank (1100)	18.659,20 €
Vorsteuer (19 %) (1576)	1.301,50 €		
Bank (1200)	13.628,90 €		
Kasse (1000)	1.000,00 €		
	213.930,40 €		213.930,40 €

4.2 Beschaffung und Absatz

4.2.3 Warenverkehr, Umsatzsteuer und EDV-gestützte Buchhaltung (S. 246 ff.)

Hauptbuch März 2013

Zeile	Währ.	Soll	Haben	Gegenkto.	Belegnummer	Datum	Konto	Skonto	Text	St.
1	€	2494,35		8400	17	01.03.13	1000			3
2	€	1980,40		8400	17	01.03.13	1000			3
3	€	970,45		8300	17	01.03.13	1000			2
4	€		5200,00	1200	18	01.03.13	1000			
5	€		54,80	4910	19	06.03.13	1000			
6	€		370,00	4190	20	07.03.13	1000			
7	€	3110,18		8400	21	08.03.13	1000			3
8	€	1234,80		8400	21	08.03.13	1000			3
9	€	1115,54		8300	21	08.03.13	1000			2
10	€		5400,00	1200	22	08.03.13	1000			
11	€	267,00		10000	23	12.03.13	1000			
12	€		128,30	903800	24	14.03.13	1000			9
13	€	2710,34		8400	25	15.03.13	1000			3
14	€	975,91		8400	25	15.03.13	1000			3
15	€	1230,94		8300	25	15.03.13	1000			2
16	€		4400,00	1200	26	15.03.13	1000			
17	€		126,40	904930	27	20.03.13	1000			9
18	€		254,70	904806	28	21.03.13	1000			9
19	€	2435,63		8400	29	22.03.13	1000			3
20	€	1486,97		8400	29	22.03.13	1000			3
21	€	730,80		8300	29	22.03.13	1000			2
22	€		4150,00	1200	30	22.03.13	1000			
23	€		63,80	904530	31	25.03.13	1000			9
24	€		230,00	904540	32	28.03.13	1000			9
25	€	2842,71		8400	33	28.03.13	1000			3
26	€	749,13		8400	33	28.03.13	1000			3
27	€	1238,98		8300	33	28.03.13	1000			2
28	€		4200,00	1200	34	28.03.13	1000			
29	€		1250,00	900430	35	30.03.13	1000		Bücherregal	9
30	€		550,00	0630	17	01.03.13	1200			
31	€		380,00	904240	18	01.03.13	1200			9
32	€		180,00	904230	18	01.03.13	1200			9
33	€		12500,00	70000	19	01.03.13	1200			
34	€	4320,00		10000	20	04.03.13	1200			
35	€		3240,00	70000	21	06.03.13	1200			
36	€		280,00	4360	22	13.03.13	1200			
37	€		234,67	70000	23	13.03.13	1200			
38	€		3500,00	4210	24	15.03.13	1200			
39	€		2800,00	4120	25	15.03.13	1200			
40	€		15680,00	70000	26	19.03.13	1200			
41	€	7560,00		10000	27	21.03.13	1200			
42	€		280,00	70000	28	26.03.13	1200			
43	€		2647,40	70000	28	26.03.13	1200			
44	€		116,66	2120	29	28.03.13	1200			
45	€		15,00	904970	29	28.03.13	1200			9
46	€	15250,00		8400	5	05.03.13	10000			3
47	€	4560,30		8300	6	19.03.13	10000			2
48	€	1300,00		8400	7	25.03.13	10000			3
49	€	900,00		8400	8	27.03.13	10000			3
50	€		3408,90	3300	11	01.03.13	70000			8
51	€		234,67	904920	12	01.03.13	70000			9
52	€		1468,40	900430	13	06.03.13	70000		Registrierkasse	9
53	€		1340,00	3400	14	08.03.13	70000			9
54	€		1230,00	3400	15	14.03.13	70000			9
55	€		890,40	900430	16	15.03.13	70000		Ladentheke	9
56	€		1250,00	3400	17	21.03.13	70000			9
57	€		360,00	904930	18	28.03.13	70000			9
	€	59464,43	78414,10	Saldo		-18949,67				

4.3 Besonderheiten der Industriebuchführung

Aufgabe 1

Tz.	Soll-Seite		Haben-Seite	
	Konto	Betrag (EUR)	Konto	Betrag (EUR)
1.	BV Waren (3950)	10.000,00	Warenbestand (3980)	10.000,00
	RHB-Stoffe (3970)	5.000,00	BV RHB-Stoffe (3955)	5.000,00

Warenbestand (3980)			
AB	40.000,00 €	SB	30.000,00 €
		BV	10.000,00 €
	40.000,00 €		40.000,00 €

BV Waren (3950)			
Waren	10.000,00 €	GuVK	10.000,00 €
	10.000,00 €		10.000,00 €

RHB-Stoffe (3970)			
AB	10.000,00 €	SB	15.000,00 €
BV	5.000,00 €		
	15.000,00 €		15.000,00 €

BV RHB-Stoffe (3955)			
GuVK	5.000,00 €	RHB	5.000,00 €
	5.000,00 €		5.000,00 €

Aufgabe 2

Tz.	Soll-Seite		Haben-Seite	
	Konto	Betrag (EUR)	Konto	Betrag (EUR)
1.	BV Fert. Erzeugnisse (8980)	15.000,00	Fertige Erzeugnisse (7110)	15.000,00
	BV RHB-Stoffe (3955)	7.400,00	RHB-Stoffe (3970)	7.400,00

Fert. Erzeubnisse (7110)			
AB	52.500,00 €	SB	37.500,00 €
		BV	15.000,00 €
	52.500,00 €		52.500,00 €

BV Fert. Erzeugnisse (8980)			
FE	15.000,00 €	GuVK	15.000,00 €
	15.000,00 €		15.000,00 €

RHB-Stoffe (3970)			
AB	22.400,00 €	SB	15.000,00 €
		BV	7.400,00 €
	22.400,00 €		22.400,00 €

BV RHB-Stoffe (3955)			
RHB	7.400,00 €	GuVK	7.400,00 €
	7.400,00 €		7.400,00 €

4.3 Besonderheiten der Industriebuchführung

Aufgabe 3

1. Abschluss des Kontos Roh-, Hilfs- und Betriebsstoffe bei einer Bestandserhöhung.
2. Kauf von Roh-, Hilfs- und Betriebsstoffen auf Ziel unter Berücksichtigung der entsprechenden Vorsteuer.
3. Entnahme von Roh-, Hilfs- und Betriebsstoffen laut Materialentnahmeschein.
4. Rücksendung von Roh-, Hilfs- und Betriebsstoffen mit entsprechender Korrektur der Vorsteuer. Der Lieferant erteilte eine entsprechende Gutschrift.
5. Transportkosten für bezogene Roh-, Hilfs- und Betriebsstoffe unter Berücksichtigung der Vorsteuer. Die Zahlung erfolgt per Banküberweisung.
6. Abschluss des Kontos Fertige Erzeugnisse bei einer Bestandserhöhung.
7. Abschluss des Kontos unfertige Erzeugnisse bei einer Bestandsminderung.
8. Abschluss des Kontos Nachlässe auf Einkauf von Roh-, Hilfs- und Betriebsstoffen über das Konto Aufwendungen für Roh-, Hilfs- und Betriebsstoffe.
9. Abschluss des Kontos Aufwendungen für Roh-, Hilfs- und Betriebsstoffe über das Gewinn- und Verlustrechnungskonto.
10. Abschluss des Bezugsnebenkostenkontos für Roh-, Hilfs- und Betriebsstoffe über das Konto Aufwendungen für Roh-, Hilfs- und Betriebsstoffe.

Aufgabe 4

Tz.	Soll-Seite		Haben-Seite	
	Konto	Betrag (EUR)	Konto	Betrag (EUR)
1.	Kasse (1000)	1.000,00	Postbank (1100)	1.000,00
2.	Wareneingang (3200)	1.000,00	Verbindlichkeiten aLuL (1600)	1.071,00
	Vorsteuer (19 %) (1576)	171,00	Erhaltene Rabatte (3770)	100,00
3.	BNK Waren (3800)	50,00	Kasse (1000)	59,50
	Vorsteuer (19 %) (1576)	9,50		
4.	Aufw. RHB-Stoffe (3000)	5.000,00	Verbindlichkeiten aLuL (1600)	5.950,00
	Vorsteuer (19 %) (1576)	950,00		
5.	Verbindlichkeiten aLuL (1600)	535,50	Wareneingang (3200)	450,00
			Vorsteuer (19 %) (1576)	85,50
6.	BNK RHB-Stoffe (3801)	100,00	Bank (1200)	119,00
	Vorsteuer (19 %) (1576)	19,00		
7.	Verbindlichkeiten aLuL (1600)	535,50	Bank (1200)	535,50
8.	Bank (1200)	10.495,80	Forderungen aLuL (1400)	10.710,00
	Gew. Skonti (8730)	180,00		
	Umsatzsteuer (19 %) (1776)	34,20		
9.	Verbindlichkeiten aLuL (1600)	1.190,00	Wareneingang (3200)	1.000,00
			Vorsteuer (19 %) (1576)	190,00
10.	Pkw (0320)	23.800,00	Verbindlichkeiten aLuL (1600)	28.322,00
	Vorsteuer (19 %) (1576)	4.522,00		
11.	Verbindlichkeiten aLuL (1600)	4.760,00	Bank (1200)	4.664,80
			Erh. Skonti RHB (3733)	80,00
			Vorsteuer (19 %) (1576)	15,20
12.	Verbindlichkeiten aLuL (1600)	2.975,00	Forderungen aLuL (1400)	2.975,00
13.	Aufw. RHB-Stoffe (3000)	10.000,00	Verbindlichkeiten aLuL (1600)	12.078,50
	BNK RHB-Stoffe (3801)	150,00		
	Vorsteuer (19 %) (1576)	1.928,50		
14.	Verbindlichkeiten aLuL (1600)	12.078,50	Bank (1200)	11.836,93
			Erh. Skonti RHB (3733)	203,00
			Vorsteuer (19 %) (1576)	38,57
15.	Bank (1200)	1.190,00	Erh. Boni (3769)	1.000,00
			Vorsteuer (19 %) (1576)	190,00

4.3 Besonderheiten der Industriebuchführung

Aufgabe 5

Siehe im Lehrbuch S. 250 ff.

Unter den Herstellungskosten werden die Aufwendungen, die durch den Verbrauch von Gütern und die Inanspruchnahme von Diensten für die Herstellung eines Vermögensgegenstandes, seine Erweiterung oder für eine über seinen ursprünglichen Zustand hinausgehende wesentliche Verbesserung entstehen verstanden.

Herstellungskosten nach § 255 HGB	Herstellungskosten nach R 6.3 EStÄR
Materialeinzelkosten	Materialeinzelkosten
+ Fertigungseinzelkosten	+ Fertigungseinzelkosten
+ Sondereinzelkosten der Fertigung	+ Sondereinzelkosten der Fertigung
+ Materialgemeinkosten	+ Materialgemeinkosten
+ Fertigungsgemeinkosten	+ Fertigungsgemeinkosten
+ Werteverzehr des Anlagevermögens, soweit dieser durch die Herstellung verursacht wurde	+ Werteverzehr des Anlagevermögens, soweit dieser durch die Herstellung verursacht wurde
= Wertuntergrenze	= bisherige Wertuntergrenze
+ anteilige Kosten der allg. Verwaltung	+ anteilige Kosten der allg. Verwaltung
+ Aufw. für soziale Einrichtungen	+ Aufw. für soziale Einrichtungen
+ Aufw. für freiwillige soz. Leistungen	+ Aufw. für freiwillige soz. Leistungen
+ Aufw. für betriebl. Altersversorgung	+ Aufw. für betriebl. Altersversorgung
+ Zinsen für Fremdkapital falls auf den Zeitraum der Herstellung zurechenbar	= aktuelle Wertuntergrenze
	+ Zinsen für Fremdkapital, falls auf den Zeitraum der Herstellung zurechenbar
= Wertobergrenze	= Wertobergrenze

Aufgabe 6

Tz.	Soll-Seite		Haben-Seite	
	Konto	Betrag (EUR)	Konto	Betrag (EUR)
1.	Wareneingang (3200)	15.000,00	Verbindlichkeiten aLuL (1600)	17.850,00
	Vorsteuer (19 %) (1576)	2.850,00		
2.	BGA (0410)	3.500,00	Verbindlichkeiten aLuL (1600)	4.165,00
	Vorsteuer (19 %) (1576)	665,00		
3.	Kasse (1000)	2.975,00	Forderungen aLuL (1400)	2.975,00
4.	Verbindlichkeiten aLuL (1600)	17.850,00	Bank (1200)	17.493,00
			Erh. Skonti Waren (3730)	300,00
			Vorsteuer (19 %) (1576)	57,00
5.	Kasse (1000)	2.380,00	Umsatzerlöse (8200)	2.000,00
			Umsatzsteuer (19 %) (1776)	380,00
6.	Bank (1200)	1.000,00	Kasse (1000)	1.000,00
7.	Aufw. RHB-Stoffe (3000)	1.008,40	Verbindlichkeiten aLuL (1600)	1.200,00
	Vorsteuer (19 %) (1576)	191,60		
8.	BNK RHB-Stoffe (3801)	50,00	Kasse (1000)	59,50
	Vorsteuer (19 %) (1576)	9,50		
9.	Verbindlichkeiten aLuL (1600)	1.785,00	Forderungen aLuL (1400)	1.785,00
10.	Verbindlichkeiten aLuL (1600)	600,00	Aufw. RHB-Stoffe (3000)	504,20
			Vorsteuer (19 %) (1576)	95,80
11.	Verbindlichkeiten aLuL (1600)	600,00	Bank (1200)	588,00
			Erh. Skonti RHB (3733)	10,08
			Vorsteuer (19 %) (1576)	1,92
12.	BV RHB-Stoffe (3955)	6.800,00	RHB-Stoffe (3970)	6.800,00
	Warenbestand (3980)	500,00	BV Waren (3950)	500,00
a.	Erh. Skonti Waren (3730)	300,00	Wareneingang (3200)	300,00
b.	Aufw. RHB-Stoffe (3000)	50,00	BNK RHB-Stoffe (3801)	50,00
c.	Erh. Skonti RHB (3733)	10,08	Aufw. RHB-Stoffe (3000)	10,08
e.	Umsatzsteuer (19%) (1776)	380,00	Vorsteuer (19%)	380,00
f.	Eigenkapital (0880)	19.544,12	GuVK (9999), Verlust	19.544,12

Forderungen aLuL (1400)				Eigenkapital (0880)			
AB	25.500,00 €	3.	2.975,00 €	GuVK	19.544,12 €	AB	33.000,00 €
		9.	1.785,00 €	SB	13.455,88 €		
		SB	20.740,00 €		33.000,00 €		33.000,00 €
	25.500,00 €		25.500,00 €				

4.3 Besonderheiten der Industriebuchführung

	Warenbestand (3980)					RHB-Stoffe (3970)		
AB	7.500,00 €	SB	8.000,00 €	AB	6.800,00 €	SB	0,00 €
BV	500,00 €					BV	6.800,00 €
	8.000,00 €		8.000,00 €		6.800,00 €		6.800,00 €

	BGA (0410)					Bank (1200)		
AB	35.800,00 €	SB	39.300,00 €	6.	1.000,00 €	AB	45.000,00 €
2.	3.500,00 €			SB	62.081,00 €	4.	17.493,00 €
	39.300,00 €		39.300,00 €			11.	588,00 €
					63.081,00 €		63.081,00 €

	Kasse (1000)					Wareneingang (3200)		
AB	2.400,00 €	6.	1.000,00 €	1.	15.000,00 €	Skon.	300,00 €
3.	2.975,00 €	8.	59,50 €			GuVK	14.700,00 €
5.	2.380,00 €	SB	6.695,50 €		15.000,00 €		15.000,00 €
	7.755,00 €		7.755,00 €				

	Vorsteuer (19 %) (1576)					Verbindlichkeiten aLuL (1600)		
1.	2.850,00 €	4.	57,00 €	4.	17.850,00 €	AB	0,00 €
2.	665,00 €	10.	95,80 €	9.	1.785,00 €	1.	17.850,00 €
7.	191,60 €	11.	1,92 €	10.	600,00 €	2.	4.165,00 €
8.	9,50 €	USt	380,00 €	11.	600,00 €	7.	1.200,00 €
		SB	3.181,38 €	SB	2.380,00 €		
	3.716,10 €		3.716,10 €		23.215,00 €		23.215,00 €

	Umsatzsteuer (19 %) (1776)					Umsatzerlöse (8200)		
VSt	380,00 €	5.	380,00 €	GuVK	2.000,00 €	5.	2.000,00 €
	380,00 €		380,00 €		2.000,00 €		2.000,00 €

	BNK RHB-Stoffe (3801)					Aufwendungen RHB-Stoffe (3000)		
8.	50,00 €	Aufw.	50,00 €	7.	1.008,40 €	10.	504,20 €
	50,00 €		50,00 €	BNK	50,00 €	Skon.	10,08 €
						GuVK	544,12 €
					1.058,40 €		1.058,40 €

	BV RHB-Stoffe (3955)					erh. Skonti Waren (3730)		
12.	6.800,00 €	GuVK	6.800,00 €	WE	300,00 €	11.	300,00 €
	6.800,00 €		6.800,00 €		300,00 €		300,00 €

erh. Skonti RHB-Stoffe (3733)				BV Waren (3950)			
Aufw.	10,08 €	11.	10,08 €	GuVK	500,00 €	12.	500,00 €
	10,08 €		10,08 €		500,00 €		500,00 €

Gewinn- und Verlustrechnungskonto (9999)			
BV RHB-Stoffe (3955)	6.800,00 €	BV Waren (3950)	500,00 €
Aufwend. RHB-Stoffe (3000)	544,12 €	Umsatzerlöse (8200)	2.000,00 €
Wareneingang (3200)	14.700,00 €	Eigenkapital (0880), Verlust	19.544,12 €
	22.044,12 €		22.044,12 €

Schlussbilanzkonto (9998)			
BGA (0410)	39.300,00 €	Eigenkapital (0880)	13.455,88 €
Warenbestand (3980)	8.000,00 €	Bank (1200)	62.081,00 €
Forderungen aLuL (1400)	20.740,00 €	Verbindlichkeiten aLuL (1600)	2.380,00 €
Kasse (1000)	6.695,50 €		
Vorsteuer (19 %) (1576)	3.181,38 €		
	77.916,88 €		77.916,88 €

4.4 Das Privatkonto

Aufgabe 1

1. Privatentnahme von Waren mit vermindertem Umsatzsteuersatz.
2. Privateinlage von Briefmarken.
3. Abschluss des Vorsteuerkontos über das Umsatzsatzsteuerkonto.
4. Banküberweisung der Telefonrechnung unter Berücksichtigung der Vorsteuer und des privaten Nutzungsanteils.
5. Privateinlage eines Bürostuhls aus dem Privatvermögen in das Betriebsvermögen.
6. Abschluss des Privatkontos über das Eigenkapitalkonto bei einem Entnahmeüberschuss.
7. Barzahlung einer Eingangsrechnung.
8. Abschluss des Privatkontos über das Eigenkapitalkonto bei einem Einlageüberschuss.
9. Abschluss des Warenbestandskontos bei einer Bestandsmehrung.
10. Kauf von Waren mit vermindertem Steuersatz. Der Rechnungsbetrag wird mit einer entsprechenden Forderung ggü. dem Lieferanten verrechnet.
11. Verrechnung einer Verbindlichkeit mit einer Forderung.
12. Barabhebung vom Bankkonto zur Einlage in die Geschäftskasse.
13. Abschluss des Gewinn- und Verlustrechnungskontos im Gewinnfall.
14. Rücksendung von Ware an den Lieferanten, der eine entsprechende Gutschrift erteilt. Die Vorsteuer wird entsprechend korrigiert.
15. Buchung des privaten Nutzungsanteils der Telefonrechnung mit entsprechender Korrektur der Vorsteuer auf den privaten Nutzungsanteil.

4.4 Das Privatkonto

Aufgabe 2

Tz.	Soll-Seite		Haben-Seite	
	Konto	Betrag (EUR)	Konto	Betrag (EUR)
1.	Privatentnahme (1800)	833,00	Erlöse UWA (8900)	700,00
			Umsatzsteuer (19 %) (1776)	133,00
2.	Telefon (4920)	150,00	Bank (1200)	238,00
	Privatentnahme (1800)	59,50		
	Vorsteuer (19 %) (1576)	28,50		
3.	Wareneingang (3200)	1.500,00	Verbindlichkeiten aLuL (1600)	1.785,00
	Vorsteuer (19 %) (1576)	285,00		
4.	BGA (0410)	4.200,00	Privateinlage (1890)	4.200,00
5.	Verbindlichkeiten aLuL (1600)	119,00	Wareneingang (3200)	100,00
			Vorsteuer (19 %) (1576)	19,00
6.	Verbindlichkeiten aLuL (1600)	476,00	Wareneingang (3200)	400,00
			Vorsteuer (19 %) (1576)	76,00
7.	Verbindlichkeiten aLuL (1600)	1.190,00	Bank (1200)	1.166,20
			Erh. Skonti Waren (3730)	20,00
			Vorsteuer (19 %) (1576)	3,80
8.	Porto (4910)	55,00	Privateinlage (1890)	55,00
9.	Instand. betr. Räume (4260)	3.000,00	Privateinlage (1890)	3.570,00
	Vorsteuer (19 %) (1576)	570,00		
10.	Privatentnahme (1800)	300,00	Bank (1200)	300,00
11.	Gewerbesteuer (4320)	350,00	Privateinlage (1890)	350,00
12.	Privatentnahme (1800)	500,00	Bank (1200)	500,00
13.	Verbindlichkeiten aLuL (1600)	225,00	Privateinlage (1890)	225,00
14.	Bank (1200)	500.000,00	Privateinlage (1890)	500.000,00
15.	Privatentnahme (1800)	1.428,00	Erlöse UWA (8900)	1.200,00
			Umsatzsteuer (19 %) (1776)	228,00
16.	Bank (1200)	1.500,00	Kasse (1000)	1.500,00
17.	Privatentnahme (1800)[1]	1.013,50	Erlöse UWA (8900)	890,00
			Umsatzsteuer (19 %) (1776)	123,50
18.	Bank (1200)	11.662,00	Forderungen aLuL (1400)	11.900,00
	Gew. Skonti (8730)	200,00		
	Umsatzsteuer (19 %) (1776)	38,00		
19.	Bank (1200)	10.000,00	Privateinlage (1890)	10.000,00
20.	Privatentnahme (1800)	714,00	Erlöse UWA (8900)	600,00
			Umsatzsteuer (19 %) (1776)	114,00

[1] ((4.000 + 2.500) x 1,19 + 2.400) x 0,1 = 1.013,50 EUR

Aufgabe 3

Teilaufgabe 3.a, siehe im Lehrbuch S. 271

Geldentnahmen sind keine umsatzsteuerpflichtigen Geschäftsvorfälle. Sie haben auch keinen Einfluss auf das betriebliche Ergebnis; sind erfolgsneutral. Sie werden zum Nominalwert angesetzt.

Teilaufgabe 3.b, siehe im Lehrbuch S. 271 ff.

Bei der Sachentnahme handelt es sich um eine unentgeltliche Wertabgabe (früher: Eigenverbrauch), bei der der Unternehmer Waren oder Erzeugnisse aus dem Betriebsvermögen ins Privatvermögen unentgeltlich überführt. Es handelt sich um einen fiktiven Verkauf an sich selbst. Die Sachentnahme ist mit dem Teilwert (§ 6 Abs. 1 Nr. 4 EStG) zu bewerten. Wurde bei Erwerb die Vorsteuer gezogen, so ist im Entnahmefall die Umsatzsteuer mit dem entsprechenden USt-Satz (also 7% oder 19%) zu erfassen.

Teilaufgabe 3.c, siehe im Lehrbuch S. 275 ff.

Eine Nutzungsentnahme liegt vor, wenn nicht das Wirtschaftsgut selbst, sondern nur seine Nutzung dem Betrieb zu betriebsfremden Zwecken entnommen wird. Als Wert der Nutzungsentnahme werden die durch sie verursachten Aufwendungen in Form der tatsächlichen Selbstkosten angesetzt. Die Aufwendungen, die als Betriebsausgaben das Betriebsergebnis gemindert haben, werden wieder hinzugerechnet. Die private Nutzung von Gegenständen des Unternehmens wird entsprechend § 3 Abs. 9a UStG einer sonstigen Leistung gleichgestellt. Ob und in welcher Höhe tatsächlich USt anfällt, hängt davon ab, inwieweit das Unternehmen vorweg einen Vorsteuerabzug beanspruchen konnte.

Zu den klassischen Nutzungsentnahmen zählen die unentgeltliche Nutzung von betrieblichen Kraftfahrzeugen bzw. die Nutzung von Telekommunikationsanlagen. Betrachten wir beispielsweise die private Kfz-Nutzung, so kann der Privatanteil nach Fahrtenbuch oder nach der 1%-Bruttolistenpreis-Methode ermittelt werden. Im zweiten Fall werden pro Monat 1% des Bruttolistenpreises des Pkw bei Erstzulassung dem Gewinn im Rahmen einer Erlösbuchung zugerechnet. 80% dieses Betrages gilt als Bemessungsgrundlage für die Ermittlung der Umsatzsteuer. Die restlichen 20% sind umsatzsteuerfrei. Voraussetzung für die Anwendung der 1%-Methode ist, dass der Pkw zum betriebsnotwendigen Vermögen (= betriebliche Nutzung > 50%) gehört. Auf die Fahrtenbuchmethode wird an dieser Stelle nicht eingegangen.

Teilaufgabe 3.d, siehe im Lehrbuch S. 273 ff.

Leistungsentnahmen entstehen, wenn betriebliche Arbeitnehmer für Tätigkeiten im privaten Bereich (z. B. Pflegen des hauseigenen Gartens) eingesetzt werden. Die entstandenen Selbstkosten (Lohn-/Lohnnebenkosten) dienen als Bemessungsgrundlage und werden der Umsatzsteuer (§ 3 Abs. 9a Nr. 2) unterworfen. Bei der Leistungsentnahme spielt es keine Rolle, ob und inwieweit vorweg ein Vorsteuerabzug möglich war.

4.4 Das Privatkonto

Aufgabe 4

Siehe im Lehrbuch S. 267 ff.

Privatentnahmen oder Privateinlagen sind Unterkonten des Eigenkapitals und weisen die Kapitalminderungen bzw. die Kapitalmehrungen durch die Entnahme von z. B. Geld oder Waren für private Zwecke bzw. die Einlage von Geld und Gütern aus dem Privatvermögen des Unternehmers aus. Sie sind erfolgsneutral und können am Jahresende direkt über das Eigenkapital oder über das Sammelkonto Privat abgeschlossen werden, welches im Anschluss per Saldo auf das Eigenkapital umgebucht wird.

Aufgabe 5

Es handelt sich um eine Sachentnahme (unentgeltliche Wertabgabe). Wolfgarten überführt den Collegeblock aus dem betrieblichen Bereich in die Privatsphäre. Um den vorangegangenen Erwerb des Büroartikels, der als Betriebsausgabe mit Vorsteuerabzug erfasst wurde, zu neutralisieren, ist zum Zeitpunkt der Entnahme der fiktive Veräußerungsvorgang als Erlös mit Umsatzversteuerung zu buchen.

Aufgabe 6

Teilaufgabe 6.a: Falsch! Die das Privatentnahme-Konto ist ein Unterkonto des Eigenkapitals und wird auch über dieses abgeschlossen. Darüber hinaus sind Privatentnahmen erfolgsneutral. Sie dürfen daher nicht in die GuV erfasst werden.
Teilaufgabe 6.b: Falsch! Privatentnahmen können vom geschäftlichen Bankkonto erfolgen. Es gibt darüber hinaus Privatentnahmen in Form von Sach- und Nutzungs- oder Leistungsentnahmen. Diese Vorgänge haben nichts mit Entnahmen vom Bankkonto gemein.
Teilaufgabe 6.c: Richtig!
Teilaufgabe 6.d: Falsch! Es gibt sie tatsächlich in Form von Geld-, Nutzungs-, Sach- und Leistungsentnahmen.
Teilaufgabe 6.e: Richtig!
Teilaufgabe 6.f: Falsch! Es hat einen Endbestand, der über das Eigenkapital abgeschlossen wird.
Teilaufgabe 6.g: Richtig!
Teilaufgabe 6.h: Falsch! Es wird über das Eigenkapital abgeschlossen.
Teilaufgabe 6.i: Falsch! Privateinlagen sind erlaubt.
Teilaufgabe 6.j: Richtig!
Teilaufgabe 6.k: Richtig!
Teilaufgabe 6.l: Falsch! Privateinlagen können auch z. B. in Form von Sacheinlagen erfolgen, die das Bankkonto nicht berühren.

Aufgabe 7

Siehe im Lehrbuch 168 f.

Gemäß § 4 Abs. 1 EStG werden Privatentnahmen, die unterjährig vom Unternehmer getätigt wurden und seinerzeit das EK geschmälert haben, am Ende des Wirtschaftsjahres zur Ermittlung des korrekten unternehmerischen Ergebnisses wieder hinzugerechnet. Gleichzeitig werden unterjährig vollzogene Privateinlagen – die das Eigenkapital erhöhen – in Abzug gebracht, da diese nicht erwirtschaftet wurden, also keinen betrieblichen Gewinn darstellen. Da die Absicht des Gesetzgebers jedoch darin besteht, ausschließlich den betrieblich erwirtschafteten Gewinn zu versteuern bzw. den erzielten Verlust ertragsteuerlich zu berücksichtigen, sind Privatentnahmen und –ausgaben stets hinzuzurechnen bzw. abzuziehen.

Beispiel: Die digital print point OHG weist in der Eröffnungsbilanz vom 01.01.2014 ein Eigenkapital von 20.000,00 € aus. Zum Jahresende 2014 ergibt sich laut Inventur ein Eigenkapital von 25.000,00 €. Im Jahresverlauf 2014 haben Schulmeister und Wolfgarten Privatentnahmen in Höhe von 2.000,00 € und Privateinlagen von 500,00 € getätigt. Der Gewinn in 2014 beläuft sich demzufolge auf

	Eigenkapital 31.12.2014	25.000,00
./.	Eigenkapital 01.01.2014	20.000,00
+	Privatentnahmen	2.000,00
./.	Privateinlagen	500,00
=	Jahresüberschuss	6.500,00

Aufgabe 8

Siehe im Lehrbuch S. 271 f.

Unentgeltliche Wertabgabe ist ein fiktiver Verkauf an sich als Unternehmer, ohne hierfür ein Entgelt zu entrichten. Sie wird jedoch als Veräußerungsvorgang mit Umsatzversteuerung (falls Vorsteuerabzug bei Erwerb oder Herstellung erfolgte) gebucht, um den Erwerbsvorgang zu neutralisieren.

Beispiel: Der Bäcker entnimmt Brötchen, die er zuvor selbst in seiner Backstube gebacken hat, um sie seiner Familie zum Frühstück anzubieten. Es handelt sich um eine fiktive Veräußerung (ohne Entgelt) an sich selbst. Die Entnahme bzw. der Entnahmewert (Sachbezugstabellenwert) wird der Umsatzsteuer unterworfen, da auch die Roh-, Hilfs- und Betriebsstoffe für die Herstellung der Brötchen mit Vorsteuerabzug gekauft wurden.

4.4 Das Privatkonto

Aufgabe 9

Siehe im Lehrbuch S. 272.

Ein Unternehmer, welcher das Recht auf Betriebsausgaben- und Vorsteuerabzug hat, darf nicht besser gestellt werden, als ein Nichtunternehmer, der diese Möglichkeit nicht besitzt. Daher sind alle Gegenstände, die aus dem Betriebsvermögen in das Privatvermögen überführt werden, so zu behandeln, als wären sie auf privater Ebene käuflich erworben worden. Das bedeutet, Betriebsausgaben bei Erwerb des Gegenstandes werden durch Erlöse neutralisiert; die Vorsteuer wird durch die Umsatzsteuer auf den Erlös ausgeglichen.

Aufgabe 10

Siehe im Lehrbuch S. 281.

Güter, die zunächst auf privater Ebene käuflich erworben wurden, sind ohne Vorsteuerabzug gekauft worden. Eine Einlage ins Betriebsvermögen erfolgt daher zu einem späteren Zeitpunkt und ist nicht umsatzsteuerpflichtig. Ein Vorsteuerabzug des Unternehmers entfällt somit.

Aufgabe 11

Nein, sie unterliegt nicht der Umsatzsteuer.

Aufgabe 12

Sie muss umsatzversteuert werden, um den bei Kauf oder Herstellung durchgeführten Vorsteuerabzug zu neutralisieren.

Aufgabe 13

Tz.	Soll-Seite		Haben-Seite	
	Konto	Betrag (EUR)	Konto	Betrag (EUR)
1.	Privatentnahme (1800)[1]	891,07	Erlöse UWA (8900)	773,50
			Umsatzsteuer (19 %) (1776)[2]	117,57

[1] 77.350 × 0,01 × 0,2 + 77.350 × 0,01 × 0,8 × 1,19 = 891,07 EUR
[2] 77.350 × 0,01 × 0,8 × 0,19 = 117,57 EUR

Aufgabe 14

Tz.	Soll-Seite		Haben-Seite	
	Konto	Betrag (EUR)	Konto	Betrag (EUR)
1.	Kasse (1000)	1.500,00	Bank (1200)	1.500,00
2.	Aufw. RHB-Stoffe (3000)	25.000,00	Verbindlichkeiten aLuL (1600)	29.750,00
	Vorsteuer (19 %) (1576)	4.750,00		
3.	BNK RHB-Stoffe (3801)	500,00	Kasse (1000)	595,00
	Vorsteuer (19 %) (1576)	95,00		
4.	Verbindlichkeiten aLuL (1600)	5.950,00	Erh. Boni RHB (3753)	5.000,00
			Vorsteuer (19 %) (1576)	950,00
5.	Verbindlichkeiten aLuL (1600)	23.800,00	Bank (1200)	23.324,00
			Erh. Skonti RHB (3733)	400,00
			Vorsteuer (19 %) (1576)	76,00
6.	Privatentnahme (1800)	178,50	Erlöse UWA (8900)	150,00
			Umsatzsteuer 19 % (1576)	28,50
	Anlageabgänge SA (2315)[1)]	150,00	BGA (0410)	150,00
7.	Forderungen aLuL (1400)	26.775,00	Umsatzerlöse (8200)	22.500,00
			Umsatzsteuer (19 %) (1776)	4.275,00
8.	Erlösschmälerungen (8700)	2.500,00	Forderungen aLuL (1400)	2.975,00
	Umsatzsteuer (19 %) (1776)	475,00		
9.	Bank (1200)	23.324,00	Forderungen aLuL (1400)	23.800,00
	Gew. Skonti (8730)	400,00		
	Umsatzsteuer (19 %) (1776)	76,00		
10.	Privatentnahme (1800)	357,00	Erlöse UWA (8900)	300,00
			Umsatzsteuer (19 %) (1776)	57,00
11.	BGA (0410)	1.900,00	Bank (1200)	2.261,00
	Vorsteuer (19 %) (1576)	361,00		
12.	Bank (1200)	1.190,00	Erh. Boni RHB (3753)	1.000,00
			Vorsteuer (1576)	190,00
13.	Privatentnahme (1800)	416,50	Erlöse UWA (8900)	350,00
			Umsatzsteuer (19 %) (1776)	66,50
14.	BV Waren (3950)	10.000,00	Warenbestand (3980)	10.000,00
	RHB-Stoffe (3970)	2.500,00	BV RHB-Stoffe (3955)	2.500,00
a.	Aufw. RHB-Stoffe (3000)	2.500,00	BNK RHB-Stoffe (3801)	2.500,00
b.	Erh. Boni RHB (3753)	6.000,00	Aufw. RHB-Stoffe (3000)	6.000,00
c.	Erh. Skonti RHB (3733)	400,00	Aufw. RHB-Stoffe (3000)	400,00
d.	Umsatzerlöse (8200)	2.500,00	Erlösschmälerungen (8700)	2.500,00
e.	Umsatzerlöse (8200)	400,00	Gew. Skonti (8730)	400,00
f.	Eigenkapital (0880)	952,00	Privatentnahmen (1800)	952,00
g.	Umsatzsteuer (19 %) (1776)	3.876,00	Vorsteuer (19 %) (1576)	3.876,00
h.	Eigenkapital (0880)	8.350,00	GuVK (9999), Verlust	8.350,00

[1)] Der zweite Teil des Buchungssatzes wurde bis dato noch nicht besprochen. Es sei an dieser Stelle auf das Lehrbuch Kapitel 4.6.5 verwiesen.

4.4 Das Privatkonto

	Warenbestand (3980)		
AB	35.000,00 €	SB	25.000,00 €
		BV	10.000,00 €
	35.000,00 €		35.000,00 €

	RHB-Stoffe (3970)		
AB	10.000,00 €	SB	12.500,00 €
BV	2.500,00 €		
	12.500,00 €		12.500,00 €

	Kasse (1000)		
AB	1.500,00 €	3.	2.975,00 €
1.	1.500,00 €	SB	25,00 €
	3.000,00 €		3.000,00 €

	Verbindlichkeiten aLuL (1600)		
4.	5.950,00 €	AB	13.500,00 €
5.	23.800,00 €	2.	29.750,00 €
SB	13.500,00 €		
	43.250,00 €		43.250,00 €

	Forderungen aLuL (1400)		
AB	9.800,00 €	8.	2.975,00 €
7.	26.775,00 €	9.	23.800,00 €
		SB	9.800,00 €
	36.575,00 €		36.575,00 €

	BGA (0410)		
AB	13.000,00 €	6.	150,00 €
11.	1.900,00 €	SB	14.750,00 €
	14.900,00 €		14.900,00 €

	Verbindl. ggü. KI (0630)		
SB	20.000,00 €	AB	20.000,00 €
	20.000,00 €		20.000,00 €

	Bank (1200)		
9.	23.324,00 €	AB	3.500,00 €
12.	1.190,00 €	1.	1.500,00 €
SB	6.071,00 €	5.	23.324,00 €
		11.	2.261,00 €
	30.585,00 €		30.585,00 €

	Eigenkapital (0880)		
PE	952,00 €	AB	32.300,00 €
GuVK	8.350,00 €		
SB	22.998,00 €		
	32.300,00 €		32.300,00 €

	Aufw. RHB-Stoffe (3000)		
2.	25.000,00 €	Boni	6.000,00 €
BNK	2.500,00 €	Skon.	400,00 €
		GuVK	21.100,00 €
	27.500,00 €		27.500,00 €

	Vorsteuer (19 %) (1576)		
2.	4.750,00 €	4.	950,00 €
3.	475,00 €	5.	76,00 €
11.	361,00 €	12.	190,00 €
		USt	3.876,00 €
		SB	494,00 €
	5.586,00 €		5.586,00 €

	BNK RHB-Stoffe (3801)		
3.	2.500,00 €	Aufw.	2.500,00 €
	2.500,00 €		2.500,00 €

4 Ausgewählte Buchungsprobleme

erh. Boni RHB (3753)

Aufw.	6.000,00 €	4.	5.000,00 €
		12.	1.000,00 €
	6.000,00 €		6.000,00 €

erh. Skonti RHB (3733)

Aufw.	400,00 €	5.	400,00 €
	400,00 €		400,00 €

Privatentnahme (1800)

6.	178,50 €	EK	952,00 €
10.	357,00 €		
13.	416,50 €		
	952,00 €		952,00 €

Erlöse UWA (8900)

GuVK	800,00 €	6.	150,00 €
		10.	300,00 €
		13.	350,00 €
	800,00 €		800,00 €

Umsatzsteuer (19 %) (1776)

8.	475,00 €	6.	28,50 €
9.	76,00 €	7.	4.275,00 €
VSt	3.876,00 €	10.	57,00 €
		13.	66,50 €
	4.427,00 €		4.427,00 €

Anlageabgänge SA (2315)

6.	150,00 €	GuVK	150,00 €
	150,00 €		150,00 €

Umsatzerlöse (8200)

Skon.	400,00 €	7.	22.500,00 €
Schm.	2.500,00 €		
GuVK	19.600,00 €		
	22.500,00 €		22.500,00 €

Erlösschmälerungen (8700)

8.	2.500,00 €	UE	2.500,00 €
	2.500,00 €		2.500,00 €

gew. Skonti (8730)

9.	400,00 €	UE	400,00 €
	400,00 €		400,00 €

BV RHB-Stoffe (3955)

GuVK	2.500,00 €	14.	2.500,00 €
	2.500,00 €		2.500,00 €

BV Waren (3950)

14.	10.000,00 €	GuVK	10.000,00 €
	10.000,00 €		10.000,00 €

Gewinn- und Verlustrechnungskonto (9999)			
BV Waren (3950)	10.000,00 €	BV RHB-Stoffe (3955)	2.500,00 €
Anlageabgänge SA (2315)	150,00 €	Erlöse UWA (8900)	800,00 €
Aufwend. RHB-Stoffe (3000)	21.100,00 €	Umsatzerlöse (8200)	19.600,00 €
		Eigenkapital (0880), Verlust	8.350,00 €
	31.250,00 €		31.250,00 €

Schlussbilanzkonto (9998)			
BGA (0410)	14.750,00 €	Eigenkapital (0880)	22.998,00 €
Warenbestand (3980)	25.000,00 €	Verbindl. ggü KI (0630)	20.000,00 €
RHB-Stoffe (3970)	12.500,00 €	Verbindl. aLuL (1600)	13.500,00 €
Vorsteuer (19 %) (1576)	494,00 €	Bank (1200)	6.071,00 €
Forderungen aLuL (1400)	9.800,00 €		
Kasse (1000)	25,00 €		
	62.569,00 €		62.569,00 €

4.5 Zahlungsverkehr

4.5.1 Geldverrechnungskonten (S. 293 f.)

Aufgabe 1

Siehe im Lehrbuch S. 287 ff.

Geldtransitkonto, Verrechnungskonto Kreditkarte, Durchlaufende Posten

Geldtransitkonto: Es dient zur Kontrolle bei Transferzahlungen von z. B. Bank an Kasse oder für die Überweisung von einer Bank (1) auf eine andere Bank (2). Da zwischen z. B. Barentnahme aus der Kasse und der Gutschrift auf dem betreffenden Bankkonto in der Regel ein bestimmter Zeitraum vergeht, ist es empfehlenswert, ein Interimskonto zwischenzuschalten, damit z. B. die Barentnahme einerseits am Tag 1 und die Gutschrift derselben auf dem Bankkonto am Tag 2 nachvollzogen werden kann. Das Geldtransitkonto muss am Ende des Zahlungsvorgangs ausgeglichen sein. Es ist empfehlenswert, dieses Konto zeitnah zu prüfen und abzustimmen, um zu gewährleisten, dass die gezahlten Beträge auch schlussendlich dort zu finden sind, wo sie sich nach ihrer Zweckbestimmung am Ende befinden sollen.

Verrechnungskonto Kreditkarte: Da nicht nur bei einem Veräußerungsvorgang, der über eine Kreditkarte abgewickelt wird, die Erlöse auf dem Bankkonto gut geschrieben, sondern auch aufgrund der gewählten Zahlungsmethode Kreditkartengebühren anfallen und mit dem erzielten Erlös meist mehrere Tage später durch die Bank verrechnet werden, bietet der Einsatz eines Kreditkarten-Verrechnungskontos eine sichere

Kontrollmöglichkeit, ob alle Zahlungsvorgänge in entsprechender Höhe erfasst und durchgeführt wurden. Zur Verdeutlichung sei unterstellt, dass ein Kunde bei der digital print point OHG Ware im Wert von 119,00 Euro (brutto, inkl. 19 % USt) kauft und mit Kreditkarte zahl. Dieser Vorgang wird zunächst als Mehrung des Kassenbestandes auf dem Kassenkonto auf der Soll-Seite erfasst. Der Umsatzerlös von 100,00 € erhöht das Eigenkapital und damit ein passives Bestandskonto und ist genauso wie die Umsatzsteuer (als Verbindlichkeit ggü. der Steuerbehörde) in Höhe von 19,00 € auf der Haben-Seite zu buchen. Im Kassenbericht ist dieser Umsatz nun in einem zweiten Schritt unter Kreditkartenbuchung eingetragen. Da bei Zahlung per Kreditkarte durch den Kunden noch kein Bargeld geflossen ist, muss der Kassenbestand am Tagesende um die 119,90 € korrigiert werden, d. h. der fehlende Geldbetrag wird auf ein Interimskonto „Verrechnungskonto Kreditkarte" (1361) auf der Soll- und auf dem Kassenkonto auf der Haben-Seite gebucht, damit der Kassenendbestand mit dem tatsächlichen Bargeldbestand übereinstimmt. Nach Erhalt der Kreditkartenabrechnung, wo auch die abzurechnenden Kreditkartengebühren aufgeführt sind, werden Gebühren und Gutschrift auf dem Bankkonto buchhalterisch erfasst. Die Bankgutschrift im Höhe von 114,83 € (= Bruttoumsatz von 119,00 € abzüglich Gebühren, die hier vereinfachend mit brutto 4,17 € inkl. 19 % USt unterstellt wurden) wird auf der Soll-Seite des Bankkontos gebucht, das Verrechnungskonto Kreditkarten nimmt die Gegenbuchung auf der Haben-Seite auf. Die Kreditkartengebühren von netto 3,50 € sind als Minderung des Eigenkapitals auf der Soll-Seite des Aufwandskontos „Nebenkosten des Geldverkehrs" 4970 zu buchen. Die von dem kreditkartenausgebenden Unternehmen in Rechnung gestellte Umsatzsteuer (0,67 €) wird als Mehrung des Aktivkontos Vorsteuer ebenfalls auf der Soll-Seite erfasst. Die Gegenbuchung erfolgt auf der Haben-Seite des Verrechnungskontos Kreditkarten.

Durchlaufende Posten: Dieses Verrechnungskonto wird in der Regel angesprochen, wenn Belege nicht oder nicht ordnungsgemäß vorhanden oder Geldzu- oder -abflüsse auf dem Kontoauszug der Bank oder dem Kassenbericht nicht direkt zuzuordnen sind. Es stellt damit ein Konto dar, das zunächst die Zweifelsfälle und noch abzustimmende Sachverhalte aufnimmt. Zur Verdeutlichung sei unterstellt, dass Schulmeister von seinem Warenlieferanten eine Rechnung in Höhe von 119,00 € (brutto, inkl. 19 % USt) erhält. Leider hat der Lieferant vergessen, die Adresse der digital print point OHG vollständig auszuweisen. Er verspricht Schulmeister bei Auslieferung der Ware, die ordnungsgemäße Rechnung, die zum Vorsteuerabzug benötigt wird, binnen weniger Tage der OHG postalisch zukommen zu lassen. Schulmeister bucht am Tag der Lieferung bzw. bei Erhalt der vorläufigen – nicht ordnungsgemäßen – Rechnung den Bruttowarenwert auf die Soll-Seite des Kontos Durchlaufende Posten und auf die Haben-Seite des Kontos Verbindlichkeiten aLuL. Nach Erhalt der ordnungsgemäßen Rechnung bucht Schulmeister den „ungeklärten Posten" auf die endgültigen Konten: 100,00 € auf die Soll-Seite des Kontos Wareneingang, 19,00 € auf die Soll-Seite des Kontos Vorsteuer (19%) und 119,00 auf die Haben-Seite des Kontos Durchlaufende Posten.

4.5 Zahlungsverkehr

Aufgabe 2

Durchlaufende Posten

Aufgabe 3

Siehe im S. Lehrbuch S. 290.

Da nicht nur bei einem Veräußerungsvorgang, der über eine Kreditkarte abgewickelt wird, die Erlöse auf dem Bankkonto gut geschrieben, sondern auch aufgrund der gewählten Zahlungsmethode Kreditkartengebühren anfallen und mit dem erzielten Erlös meist mehrere Tage später durch die Bank verrechnet werden, bietet der Einsatz eines Kreditkarten-Verrechnungskontos eine sichere Kontrollmöglichkeit, ob alle Zahlungsvorgänge in entsprechender Höhe erfasst und durchgeführt wurden. Zur Verdeutlichung sei unterstellt, dass ein Kunde bei der digital print point OHG Ware im Wert von 119,00 Euro (brutto, inkl. 19% USt) kauft und mit Kreditkarte zahl. Dieser Vorgang wird zunächst als Mehrung des Kassenbestandes auf dem Kassenkonto auf der Soll-Seite erfasst. Der Umsatzerlös von 100,00 € erhöht das Eigenkapital und damit ein passives Bestandskonto und ist genauso wie die Umsatzsteuer (als Verbindlichkeit ggü. der Steuerbehörde) in Höhe von 19,00 € auf der Haben-Seite zu buchen. Im Kassenbericht ist dieser Umsatz nun in einem zweiten Schritt unter Kreditkartenbuchung eingetragen. Da bei Zahlung per Kreditkarte durch den Kunden noch kein Bargeld geflossen ist, muss der Kassenbestand am Tagesende um die 119,90 € korrigiert werden, d. h. der fehlende Geldbetrag wird auf ein Interimskonto „Verrechnungskonto Kreditkarte" (1361) auf der Soll- und auf dem Kassenkonto auf der Haben-Seite gebucht, damit der Kassenendbestand mit dem tatsächlichen Bargeldbestand übereinstimmt. Nach Erhalt der Kreditkartenabrechnung, wo auch die abzurechnenden Kreditkartengebühren aufgeführt sind, werden Gebühren und Gutschrift auf dem Bankkonto buchhalterisch erfasst. Die Bankgutschrift im Höhe von 114,83 € (=Bruttoumsatz von 119,00 € abzüglich Gebühren, die hier vereinfachend mit brutto 4,17 € inkl. 19% USt unterstellt wurden) wird auf der Soll-Seite des Bankkontos gebucht, das Verrechnungskonto Kreditkarten nimmt die Gegenbuchung auf der Haben-Seite auf. Die Kreditkartengebühren von netto 3,50 € sind als Minderung des Eigenkapitals auf der Soll-Seite des Aufwandskontos „Nebenkosten des Geldverkehrs" 4970 zu buchen. Die von dem kreditkartenausgebenden Unternehmen in Rechnung gestellte Umsatzsteuer (0,67 €) wird als Mehrung des Aktivkontos Vorsteuer ebenfalls auf der Soll-Seite erfasst. Die Gegenbuchung erfolgt auf der Haben-Seite des Verrechnungskontos Kreditkarten.

Aufgabe 4

Interimskonto

Aufgabe 5

Tz.	Soll-Seite		Haben-Seite	
	Konto	Betrag (EUR)	Konto	Betrag (EUR)
1.	Geldtransit (1360)	1.500,00	Kasse (1000)	1.500,00
	Bank (1200)	1.500,00	Geldtransit (1360)	1.500,00
2.	Geldtransit (1360)	2.500,00	Bank VB (1210)	2.500,00
	Bank KSK (1200)	2.500,00	Geldtransit (1360)	2.500,00
3.	Verr.-kto. Kreditkarte (1361)	1.428,00	Umsatzerlöse (8200)	1.200,00
			Umsatzsteuer (19 %) (1776)	228,00
	Bank (1200)	1.419,67	Verr.-kto. Kreditkarte (1361)	1.428,00
	Nebenk. Geldverkehr (4970)	7,00		
	Vorsteuer (19 %) (1576)	1,33		

4.5.2 Personenkonten (S. 299 f.)

Aufgabe 1

Siehe im Lehrbuch S. 294 ff.

Kreditoren- und Debitorenkonten

Kreditoren sind aus Sicht des Unternehmers Gläubiger (= Geldgeber), welche aufgrund einer Warenlieferung oder einer Dienstleistung einen Anspruch gegenüber dem Unternehmen (z. B. der digital print point OHG) haben. Der Anspruch auf Zahlung durch einen leistenden Unternehmer wird durch eine Rechnung inkl. eines Zahlungszieles angekündigt. Sobald die Warenlieferung oder Dienstleistung erbracht ist und die ordnungsgemäße Rechnung vorliegt, erfolgt bei der Verwendung von Personenkonten beim Leistungsempfänger keine Buchung auf dem Konto Verbindlichkeiten aus Lieferung und Leistung, sondern auf einem sogenannten Kreditorenkonto. Hierbei handelt es sich um ein Personenkonto, da dieses individuell auf einen Namen – nämlich den des leistenden Unternehmers – ausgestellt ist. Jeder Lieferant erhält im Rahmen der Kreditorenbuchhaltung ein eigenes, persönliches Konto.

Mit einem solchen Vorgehen wird dem Problem aus dem Weg gegangen, dass auf dem Sachkonto Verbindlichkeiten aus Lieferung und Leistung zwar die Gesamtverpflichtung des buchführenden Unternehmens gegenüber seinen Lieferanten ersichtlich ist, nicht aber, wem und wie viel das Unternehmen dem einzelnen Lieferanten schuldet. Dieser Nachteil lässt sich umgehen, wenn der Bestand des Verbindlichkeitenkontos auf die einzelnen Lieferanten, gegenüber denen eine Schuld besteht, aufgeteilt wird und für jeden einzelnen ein eigenständiges Personenkonto geführt wird. Im Laufe des Jahres werden dann Veränderung der Verbindlichkeiten aus Lieferung und Leistung

4.5 Zahlungsverkehr

nicht auf dem Sammelkonto erfasst, sondern auf den entsprechenden Personenkonten der Lieferanten.

Der Vorteil dieses Vorgehens besteht darin, dass das buchführende Unternehmen jederzeit erkennen kann, welcher Betrag noch ggü. welchem Lieferanten offen ist. Die Aufgabe der Kreditorenbuchhalter besteht also darin, die jeweiligen Eingangsrechnungen auf Richtigkeit hin zu überprüfen, sie im EDV-System korrekt zu erfassen und rechtzeitig – unter Berücksichtigung evtl. Inanspruchnahmen von Preisnachlässen wie Skonti – auf das Konto des leistenden Unternehmers zu überweisen. Die Kreditorenkonten dienen der besseren Übersicht und Kontrolle und werden per Saldo am Jahresende über das Sammelkonto Verbindlichkeiten aus Lieferung und Leistung auf der Passivseite der Bilanz kumuliert ausgewiesen.

Analog zu den Kreditorenkonten gibt es *Debitoren* für die Kunden des buchführenden Unternehmens und damit Leistungsempfänger, die aufgrund einer Warenlieferung oder einer Dienstleistung eine Zahlungsverpflichtung gegenüber dem leistenden Unternehmer haben.

Aufgabe 2

Siehe im Lehrbuch S. 294 ff.

Kreditorenkonten über das Sammelkonto Verbindlichkeiten aus Lieferung und Leistung, Debitorenkonten über das Sammelkonto Forderungen aus Lieferung und Leistung.

Aufgabe 3

Offene Postenliste

Aufgabe 4

Tz.	Soll-Seite		Haben-Seite	
	Konto	Betrag (EUR)	Konto	Betrag (EUR)
1.	Bank (1200)	2.380,00	Fürst Fugger (10200)	2.380,00
2.	Postbank (1100)	1.190,00	Mertens (10500)	1.190,00
3.	Bürohaus AG (70100)	1.428,00	Bank (1200)	1.428,00
4.	Kölner Stadtanzeiger (70500)	456,00	Bank (1200)	456,00

4.6 Buchungen im Anlagevermögen

4.6.1 Überblick

Das Kapitel enthält keine Übungsaufgaben.

4.6.2 Die Anschaffung von Anlagevermögen (S. 313 f.)

Aufgabe 1

Siehe im Lehrbuch S. 300.

Das Anlagevermögen unterscheidet sich vom Umlaufvermögen dadurch, dass sich hierin Güter materieller und immaterieller Art befinden, die dazu bestimmt sind, dem Betrieb langfristig, also in der Regel länger als ein Wirtschaftsjahr, zu dienen. Ob dies in der Realität auch so umgesetzt wird, kann zum Zeitpunkt des Erwerbs bzw. der Herstellung häufig nicht endgültig geklärt werden. Es ist also bei der Aktivierung von Anlagegütern stets die Nutzungsabsicht/Zweckbestimmung zum Aktivierungszeitpunkt maßgeblich, die entscheidet, ob ein Gut dem Anlage- oder dem Umlaufvermögen zugeordnet wird.

Vermögensgegenstände des Anlagevermögens zeichnen sich demzufolge dadurch aus, dass es sich um Gegenstände handelt, die mehrmalig genutzt werden und somit Gebrauchsgegenstände darstellen. Umlaufgegenstände werden hingegen nur einmalig genutzt und dabei verbraucht, verwertet oder veräußert. Es handelt sich um Verbrauchsgegenstände.

Die Zuordnung eines Vermögensgegenstandes zum Anlage- oder Umlaufvermögen hat erheblichen Einfluss auf die buchhalterische Behandlung der Gegenstände, denn während Umlaufvermögen bspw. nicht planmäßig abgeschrieben wird und die Anschaffungskosten des Vorratsvermögens bei Erwerb bspw. oft aufwandsorientiert und damit erfolgswirksam erfasst werden, werden abnutzbare Anlagegegenstände i. d. R. planmäßig abgeschrieben und so die Anschaffungskosten gewinnmindernd als Aufwand über die Nutzungsdauer verteilt. Hinzu kommt, dass beim Umlaufvermögen das strenge und beim Anlagevermögen das gemilderte Niederstwertprinzip Anwendung findet.

Aufgabe 2

Siehe im Lehrbuch S. 308.

Anschaffungsnebenkosten sind Bestandteil der Anschaffungskosten nach § 255 Abs. 1 HGB und sind daher dem entsprechenden Vermögensgegenstand zuzuordnen. Bei Vermögensgegenständen des Anlagevermögens werden diese direkt auf das Anlagekonto gebucht und nicht zuerst auf das Bezugsnebenkostenkonto, da das Konto Be-

4.6 Buchungen im Anlagevermögen

zugsnebenkosten den Konten Wareneingang bzw. Aufwendungen für Roh-, Hilf- und Betriebsstoffe zugeordnet ist und darüber abgeschlossen wird.

Aufgabe 3

Geschäftsbauten, Pkw, Maschinen, Betriebs- und Geschäftsausstattung, Grundstücke usw. Siehe für weitere Beispiele auch § 266 Abs. 2, A. II. HGB.

Aufgabe 4

Tz.	Soll-Seite		Haben-Seite	
	Konto Soll-Seite	Betrag (EUR)	Konto Haben-Seite	Betrag (EUR)
1.	BGA (0410)	2.150,00	Verbindlichkeiten aLuL (1600)	2.380,00
	Vorsteuer (19 %) (1576)	408,50	Kasse (1000)	178,50
2.	Verbindlichkeiten aLuL (1600)	2.380,00	Bank (1200)	2.332,40
			BGA (0410)	40,00
			Vorsteuer (19 %) (1576)	7,60

Aufgabe 5

Anschaffungskosten gesamt: 300.000 + 900 + 60.000 = 360.900,00
Anschaffungskosten Gebäude: 360.900 × 0,3 = 108.270,00
Anschaffungskosten Grund und Boden: 360.900 × 0,7 = 252.630,00

Tz.	Soll-Seite		Haben-Seite	
	Konto	Betrag (EUR)	Konto	Betrag (EUR)
1.	Grundstücke (0050)	108.270,00	Verbindl. ggü. KI (0630)	300.000,00
	Geschäftsbauten (0090)	252.630,00	Bank (1200)	61.071,00
	Vorsteuer (19 %) (1576)	171,00		

Aufgabe 6

Tz.	Soll-Seite		Haben-Seite	
	Konto	Betrag (EUR)	Konto	Betrag (EUR)
1.a	Büroeinrichtung (0420)	2.250,00	Verbindlichkeiten aLuL (1600)	2.558,50
	Vorsteuer (19 %) (1576)	427,50	Kasse (1000)	119,00
1.b	Verbindlichkeiten aLuL (1600)	178,50	Büroeinrichtung (0420)	150,00
			Vorsteuer (19 %) (1576)	28,50
1.c	Verbindlichkeiten aLuL (1600)	2.380,00	Bank (1200)	2.332,40
			Büroeinrichtung (0420)	40,00
			Vorsteuer (19 %) (1576)	7,60

Aufgabe 7

Tz.	Soll-Seite		Haben-Seite	
	Konto	Betrag (EUR)	Konto	Betrag (EUR)
1.	Anzahlungen BGA (0499)	2.000,00	Kasse (1000)	2.380,00
	Vorsteuer (19 %) (1576)	380,00		
2.	BGA (0410)	8.000,00	Bank (1200)	9.520,00
	Vorsteuer (19 %) (1576)	1.520,00		
	BGA (0410)	2.000,00	Anzahlungen BGA (0499)	2.000,00

4.6.3 Die Eigenerstellung von Sachvermögen (S. 319 f.)

Aufgabe 1

Siehe im Lehrbuch S. 306 f.

Anschaffungskosten sind nach § 255 Abs. 1 HGB „[...] Aufwendungen, die geleistet werden, um einen Vermögensgegenstand zu erwerben und ihn in einen betriebsbereiten Zustand zu versetzen, soweit sie dem Vermögensgegenstand einzeln zugeordnet werden können. Zu den Anschaffungskosten gehören auch die Nebenkosten sowie die nachträglichen Anschaffungskosten. Anschaffungspreisminderungen sind abzusetzen. [...]"

Die Anschaffungskosten sind demnach wie folgt zu bestimmen:

	Kaufpreis (netto)
+	Anschaffungsnebenkosten
+	nachträgliche Anschaffungskosten
+	nicht abzugsfähige Vorsteuer
./.	Preisnachlässe
=	Anschaffungskosten (netto)

Siehe im Lehrbuch S. 314 f.

Herstellungskosten fallen hingegen nicht beim Erwerb eines Vermögensgegenstandes, sondern bei der Herstellung eines solchen an. Nach § 255 Abs. 2 HGB handelt es sich um „[...] Aufwendungen, die durch den Verbrauch von Gütern und die Inanspruchnahme von Diensten für die Herstellung eines Vermögensgegenstandes, seine Erweiterung oder für eine über seinen ursprünglichen Zustand hinausgehende wesentliche Verbesserung entstehen. [...]"

Zu den Herstellungskosten gehören nach § 255 Abs. 2 HGB und nach Steuerrecht zwingend die

- Materialeinzelkosten bewertet zu ihren Anschaffungskosten entsprechend § 255 Abs. 1 HGB,
- Fertigungseinzelkosten in Form der variablen Fertigungslöhne inkl. Sonderzulagen, gesetzlicher Sozialversicherung, Lohnfortzahlungen im Krankheitsfall, Feiertagszuschläge usw.,
- Sondereinzelkosten der Fertigung (hierzu zählen z. B. die Aufwendungen für eine spezielle Konstruktionszeichnung, Lizenzgebühren, der im Rahmen der Selbsterstellung des Vermögensgegenstandes entstandene Werteverzehr des Anlagevermögens usw.),
- notwendige Materialgemeinkosten bspw. in Form von Kosten für die Materialeingangsprüfung oder Lagerhaltungskosten sowie
- notwendige Fertigungsgemeinkosten etwa in Form des Meistergehaltes oder der Miete für das Produktionsgebäude usw.

Darüber hinaus sieht das HGB für folgende Aufwandskomponenten ein Aktivierungswahlrecht vor, während nach dem Steuerrecht (R 6.3 EStR 2012) ab dem Veranlagungszeitraum 2013 für diese Komponenten ein Aktivierungsgebot besteht.

Ein angemessener Anteil der
- allgemeinen Verwaltungsaufwendungen (dazu zählen z. B. Aufwendungen für den Betriebsrat oder für das Rechnungs- und das Ausbildungswesen),
- Aufwendungen für soziale Einrichtungen wie bspw. für die Betriebskantine oder den -kindergarten,
- Aufwendungen für freiwillige soziale Leistungen z. B. in Form von freiwilligen Wohnungsbeihilfen oder Jubiläumsgeschenken und
- Aufwendungen für die betriebliche Altersversorgung (dazu zählen z. B. Zuführungen zu den Pensionsrückstellungen oder Beiträge zu Pensionsfonds und Direktversicherungen).

Schlussendlich eröffnen sowohl Handels- als auch Steuerrecht ein Aktivierungswahlrecht für Fremdkapitalzinsen, soweit sie für die Finanzierung der Herstellung angefallen sind.

Der Vollständigkeit halber sei erwähnt, dass aktuell nicht beanstandet wird, wenn bei der Ermittlung der Herstellungskosten nach der Richtlinie R 6.3 Absatz 4 EStR 2008 verfahren wird. Dem nach Steuerrecht bilanzierenden Unternehmen wird damit die Möglichkeit eingeräumt, auf die Hinzurechnung von Verwaltungs- und Sozialaufwendungen zu den Herstellungskosten zu verzichten oder auf die neue Sichtweise der Steuerbehörden zu setzen und damit einen Ausweis der Herstellungskosten unabhängig von der Handelsbilanz vorzunehmen.

Aufgabe 2

Siehe im Lehrbuch S. 316.

Sowohl im Handels- als auch Steuerrecht sieht der Gesetzgeber für verschiedene Aufwandskomponenten Aktivierungswahlrechte vor, das heißt entweder kann die Position sofort in voller Höhe gewinnmindernd als Aufwand gebucht werden oder aber sie wird als Bestandteil der Herstellungskosten aktiviert und über die Nutzungsdauer abgeschrieben, wobei im Aktivierungsjahr über die Buchung einer anderen aktivierten Eigenleistung der entsprechende Aufwand neutralisiert wird. Wie das bilanzierende Unternehmen das Wahlrecht nutzt, hängt von der bilanzpolitischen Zielsetzung ab. Möchte das Unternehmen einen möglichst niedrigen Gewinn ausweisen, sollten möglichst wenige Aufwandskomponenten aktiviert werden, sondern sofort als Aufwand in voller Höhe gewinnmindernd angesetzt werden. Soll ein hoher Gewinn ausgewiesen werden, müssen so viele Aufwandskomponenten wie möglich aktiviert werden, da über den Ausgleichsposten „andere aktivierte Eigenleistungen" bei Vermögensgegenständen des Anlagevermögens bzw. „Bestandsveränderungen" beim Vorratsvermögen die Aufwendungen neutralisiert werden.

Dazu ein Beispiel: Im Rahmen der Herstellung eines Buches, dass die digital print point OHG verlegt und produziert, fallen aktivierungspflichtige Einzel- und Gemeinkosten in Höhe von 2.000,00 EUR an. Darüber hinaus besteht für Gemeinkosten von 500,00 EUR ein Aktivierungswahlrecht. Alle Kostenkomponenten sind gewinnmindernd auf den entsprechenden Aufwandskonten erfasst worden. Wir vereinfachend unterstellt, dass das Fertigerzeugnislager vor Produktion des Buches vollständig geräumt war, ergibt sich für die digital print point OHG damit die Möglichkeit, auf den Konto Fertige Erzeugnisse einen Schlussbestand von 2.000,00 EUR oder 2.500,00 EUR auszuweisen. Im ersten Fall ergibt sich eine Bestandserhöhung und damit ein Ertrag von 2.000,00 EUR und im zweiten Fall von 2.500,00 EUR. Da bei einer Aktivierung von 2.500,00 EUR 500,00 EUR Aufwand mehr neutralisiert wird, wäre der ausgewiesene Gewinn entsprechend höher.

Aufgabe 3

Teilaufgabe 3.1

	Materialeinzelkosten	25.000,00 EUR
+	Materialgemeinkosten (25.000 x 0,5)	12.500,00 EUR
+	Fertigungseinzelkosten (250 x 40)	10.000,00 EUR
+	Fertigungsgemeinkosten (10.000 x1,0)	10.000,00 EUR
+	Verwaltungsgemeinkosten	5.000,00 EUR
=	Herstellungskosten	60.500,00 EUR

Tz.	Soll-Seite		Haben-Seite	
	Konto	Betrag (EUR)	Konto	Betrag (EUR)
1.	Geschäftsbauten (0090)	62.500,00	Andere aktiv. EL (8990)	62.500,00

4.6 Buchungen im Anlagevermögen

Teilaufgabe 3.2

Möchte das Unternehmen einen möglichst niedrigen Gewinn ausweisen, sollten möglichst wenige Aufwandskomponenten aktiviert werden, sondern sofort als Aufwand in voller Höhe gewinnmindernd angesetzt werden. Das HGB sieht für herstellungsbezogene Verwaltungskosten ein Aktivierungswahlrecht vor. Demzufolge sollte diese nicht über den Posten Andere aktivierte Eigenleistungen als Aufwand neutralisiert werden. Die zu aktivierenden Herstellungskosten sinken auf 57.500,00 EUR (=62.500−5.000).

Tz.	Soll-Seite		Haben-Seite	
	Konto	Betrag (EUR)	Konto	Betrag (EUR)
1.	Geschäftsbauten (0090)	57.500,00	Andere aktiv. EL (8990)	57.500,00

Aufgabe 4

Teilaufgabe 4.1

	Materialeinzelkosten	120.000,00 EUR
+	Materialgemeinkosten (120.000 × 0,4)	48.000,00 EUR
+	Fertigungseinzelkosten	80.000,00 EUR
+	Fertigungsgemeinkosten (80.000 × 0,9)	72.000,00 EUR
+	Sondereinzelkosten der Fertigung	2.500,00 EUR
=	Wertuntergrenze Herstellungskosten	322.500,00 EUR
+	Verwaltungsgemeinkosten	5.000,00 EUR
=	Wertübergrenze Herstellungskosten	327.500,00 EUR

Teilaufgabe 4.2

Tz.	Soll-Seite		Haben-Seite	
	Konto	Betrag (EUR)	Konto	Betrag (EUR)
1.	Geschäftsbauten (0090)	327.5000,00	Andere aktiv. EL (8990)	327.500,00

Soll ein hoher Gewinn ausgewiesen werden, müssen so viele Aufwandskomponenten wie möglich aktiviert werden, da über den Ausgleichsposten „andere aktivierte Eigenleistungen" die Aufwendungen neutralisiert werden.

Bei den Kosten für die Annonce und den Aufwendungen für den Tag der offenen Tür handelt es sich um Vertriebskosten für die nach § 255 Abs. 2 HGB ein Aktivierungsverbot besteht.

4.6.4 Abschreibungen abnutzbarer Anlagegüter

4.6.4.1 Überblick
Das Kapitel enthält keine Übungsaufgaben.

4.6.4.2 Abschreibungsursachen
Das Kapitel enthält keine Übungsaufgaben.

4.6.4.3 Abschreibungsmethoden
Das Kapitel enthält keine Übungsaufgaben.

4.6.4.4 Außerplanmäßige Abschreibungen (S. 333)

Aufgabe 1

Anschaffungskosten: 60.000 + 480 + 380 + 120 + 20 − 1.000 = 60.000,00 EUR

Die Tankfüllung zählt nicht zu den Anschaffungskosten. Die Aufwendungen in Höhe von 90,00 EUR sind als laufende Kfz-Kosten in voller Höhe gewinnmindernd zu erfassen.

Teilaufgabe 1.1 (Lineare Abschreibung)

	Restbuchwert Jahresbeginn	Abschreibungsbetrag	Restbuchwert Jahresende
2013	60.000,00	12.000,00	48.000,00
2014	48.000,00	12.000,00	36.000,00
2015	36.000,00	12.000,00	24.000,00
2016	24.000,00	12.000,00	12.000,00
2017	12.000,00	12.000,00	0,00

Wird der Kombi über das Jahr 2017 hinaus genutzt, sind im letzten Jahr nur 11.999,00 EUR abzuschreiben. Er verbleibt dann bis zum vollständigen Ausscheiden aus dem Unternehmen mit einem Erinnerungswert von 1,00 EUR in der Bilanz.

4.6 Buchungen im Anlagevermögen

Teilaufgabe 1.2 (geometrisch-degressive Abschreibung)

	Restbuchwert Jahresbeginn	Abschreibungsbetrag	Restbuchwert Jahresende
2013	60.000,00	15.000,00	45.000,00
2014	45.000,00	11.250,00	33.750,00
2015	33.750,00	8.437,50	25.312,50
2016	25.312,50	6.328,13	18.984,37
2017	18.984,37	18.984,37	0,00

Der Gesetzgeber sieht vor, dass die Abschreibungsbeträge auf den nächsten vollen Euro aufgerundet werden dürften. An dieser Stelle wurde auf diese Möglichkeit verzichtet. Wird der Kombi über das Jahr 2017 hinaus genutzt, sind im letzten Jahr nur 18.983,37 EUR abzuschreiben. Er verbleibt bis zum vollständigen Ausscheiden aus dem Unternehmen mit einem Erinnerungswert von 1,00 EUR in der Bilanz.

Teilaufgabe 1.3 (leistungsabhängige Abschreibung)

Abschreibung pro Leistungseinheit: 60.000/400.000 = 0,15 EUR/km

	Restbuchwert Jahresbeginn	Leistungseinheiten	Abschreibungsbetrag	Restbuchwert Jahresende
2013	60.000,00	50.000	7.500,00	52.500,00
2014	52.500,00	100.000	15.000,00	37.500,00
2015	37.500,00	75.000	11.250,00	26.250,00
2016	26.250,00	135.000	20.250,00	6.000,00
2017	6.000,00	40.000	6.000,00	0,00

Wird der Kombi über das Jahr 2017 hinaus genutzt, sind im letzten Jahr nur 5.999,00 EUR abzuschreiben. Er verbleibt bis zum vollständigen Ausscheiden aus dem Unternehmen mit einem Erinnerungswert von 1,00 EUR in der Bilanz.

Aufgabe 2

Teilaufgabe 2.1 (Lineare Abschreibung)

	Restbuchwert Jahresbeginn	Abschreibungsbetrag	Restbuchwert Jahresende
2013	30.000,00	6.000,00	24.000,00
2014	24.000,00	6.000,00	18.000,00
2015	18.000,00	6.000,00	12.000,00
2016	12.000,00	6.000,00	6.000,00
2017	6.000,00	6.000,00	0,00

Wird die Druckstraße über das Jahr 2017 hinaus genutzt, sind im letzten Jahr nur 5.999,00 EUR abzuschreiben. Sie verbleibt bis zum vollständigen Ausscheiden aus dem Unternehmen mit einem Erinnerungswert von 1,00 EUR in der Bilanz.

Teilaufgabe 2.2 (geometrisch-degressive Abschreibung)

	Restbuchwert Jahresbeginn	Abschreibungsbetrag	Restbuchwert Jahresende
2013	30.000,00	7.500,00	22.500,00
2014	22.500,00	5.625,00	16.875,00
2015	16.875,00	4.218,75	12.656,25
2016	12.656,25	3.164,06	9.492,19
2017	9.492,19	9.492,19	0,00

Der Gesetzgeber sieht vor, dass die Abschreibungsbeträge auf den nächsten vollen Euro aufgerundet werden dürften. An dieser Stelle wurde auf diese Möglichkeit verzichtet. Wird die Druckstraße über das Jahr 2017 hinaus genutzt, sind im letzten Jahr nur 9.491,19 EUR abzuschreiben. Sie verbleibt bis zum vollständigen Ausscheiden aus dem Unternehmen mit einem Erinnerungswert von 1,00 EUR in der Bilanz.

Teilaufgabe 2.3 (arithmetisch-degressive Abschreibung)

Degressionsbetrag: $30.000/(5+4+3+2+1) = 2.000,00$ EUR

4.6 Buchungen im Anlagevermögen

	Restbuchwert Jahresbeginn	Abschreibungsbetrag	Restbuchwert Jahresende
2013	30.000,00	10.000,00	20.000,00
2014	20.000,00	8.000,00	12.000,00
2015	12.000,00	6.000,00	6.000,00
2016	6.000,00	4.000,00	2.000,00
2017	2.000,00	2.000,00	0,00

Teilaufgabe 2.4 (Kombination aus linearer und geometrisch-degressiver Abschreibung)
Wechseljahr: $5 - 100/25 + 1 = 2$

	Restbuchwert Jahresbeginn	Abschreibungsbetrag (linear)	Abschreibungsbetrag (degressiv)	Restbuchwert Jahresende
2013	30.000,00	6.000,00	7.500,00	22.500,00
2014	22.500,00	5.625,00[1)]	5.625,00	16.875,00
2015	16.875,00	5.625,00	4.218,75	11.250,00
2016	11.250,00	5.625,00	2.812,50	5.625,00
2017	5.625,00	5.625,00	5.625,00	0,00

[1)] 22.500 / 4 = 5.625,00 EUR. Im Jahr 2014 entsprechen sich linearer und geometrisch-degressiver Abschreibungsbetrag. Die Wahl der Abschreibungsmethode hat keinen Einfluss auf den Restbuchwert. Ab 2015 übersteigt der lineare Abschreibungsbetrag den geometrisch-degressiven Betrag. Ab 2014 sollte also linear abgeschrieben werden.

Teilaufgabe 2.5 (plan- und außerplanmäßige Abschreibungen)

	Restbuchwert Jahresbeginn	Abschreibung/ Zuschreibung (-)	Restbuchwert Jahresende
2013	30.000,00	6.000,00	24.000,00
2014	24.000,00	18.000,00	6.000,00
2015	6.000,00	2.000,00[1)]	4.000,00
2016	4.000,00	-2.000,00[2)]	6.000,00
2017	6.000,00	6.000,00	0,00

¹⁾ 6.000 / 3 = 2.000,00 EUR. Der Restbuchwert nach plan- und außerplanmäßigen Abschreibungen ist auf die verbleibenden 3 Jahre Restnutzungsdauer zu verteilen.

²⁾ 4.000 − (30.000 − 4 x 6.000) = -2.000,00 EUR. Zunächst ist zu ermitteln, welcher Restbuchwert sich zum Jahresende 2016 ergeben hätte, wenn es nicht zu einer außerplanmäßigen Abschreibung gekommen wäre (20.000 − 4 x 6.000). Dieser Restbuchwert nach planmäßigen Abschreibungen (6.000,00 EUR) ist dem Restbuchwert nach plan- und außerplanmäßigen Abschreibungen aus dem Jahr 2015 gegenüberzustellen (4.000,00 EUR). Der Differenzbetrag – hier 2.000,00 EUR – ist zuzuschreiben. Beachte: Auch hier gilt planmäßige Abschreibungen (6.000,00 EUR) vor außerplanmäßigen „Abschreibung" (2.000,00 EUR) im hier vorliegenden Fall Zuschreibung).

Hinweis: Im Aufgabentext des Lehrbuches muss es heißen „Wie entwickeln sich in diesem Fall bei linearer – und nicht „Lineover" – Abschreibung die Abschreibungsbeträge und Restbuchwerte über die Nutzungsdauer?"

4.6.4.5 Buchen der Abschreibungen (S. 338 ff.)

Aufgabe 1

Teilaufgabe 1.1

		in EUR
	Kaufpreis	800.000,00
+	Notar (Kaufvertrag)	22.000,00
+	Gericht (Grundschuld)	800,00
+	Notar (Grundschuld)	1.400,00
+	Gericht (Eintragung)	3.000,00
+	Makler	1.500,00
+	Grunderwerbsteuer	40.000,00
	Summe	868.700,00
	Gebäude (62,5%)	542.937,50
	Grund und Boden (37,5 %)	325.762,50

4.6 Buchungen im Anlagevermögen

Hinweis: Im Aufgabentext des Lehrbuches muss es heißen „Grunderwerbsteuer" und nicht Gewerbesteuer.

Teilaufgabe 1.2

Tz.	Soll-Seite		Haben-Seite	
	Konto	Betrag (EUR)	Konto	Betrag (EUR)
1.	Geschäftsbauten (0090)	542.937,50	Verbindl. ggü. KI (0630)	873.431,00
	Grund und Boden (0050)	325.762,50		
	Vorsteuer (19 %) (1576)	4.731,00[1)]		

[1)] (22.000 + 1.400 + 1.500) x 0,19 = 4.731,00 EUR

Teilaufgabe 1.3

Grund und Boden zählt zu den nicht planmäßig abnutzbaren Vermögensgegenständen des Anlagevermögens. Sofern keine Gründe für außerplanmäßige Abschreibungen vorliegen, ergibt sich sowohl für den 31.12.2013 als auch für den 31.12.2014 ein Bilanzansatz von 325.762,50 EUR.

Planmäßige Abschreibung Gebäude für 2013: $542.937,50/(33+1/3) \times 4/12 = 5.429,38$ EUR

Bilanzansatz 31.12.2013: $429.187,50 - 4.291,88 = 537.508,12$ EUR

Planmäßige Abschreibung Gebäude für 2014: $537.508,12/(33+1/3) = 16.125,24$ EUR

Bilanzansatz 31.12.2014: $537.508,12 - 16.125,24 = 521.382,88$ EUR

- Direkte Abschreibungsmethode

Tz.	Soll-Seite		Haben-Seite	
	Konto	Betrag (EUR)	Konto	Betrag (EUR)
a.	Abschreibungen SA (4830)	5.429,38	Geschäftsbauten (0090)	5.429,38
b.	Abschreibungen SA (4830)	16.125,24	Geschäftsbauten (0090)	16.125,24

a. 2013
b. 2014

- Indirekte Abschreibungsmethode

Tz.	Soll-Seite		Haben-Seite	
	Konto	Betrag (EUR)	Konto	Betrag (EUR)
a.	Abschreibungen SA (4830)	5.429,38	Wertberichtigung auf SA	5.429,38
b.	Abschreibungen SA (4830)	16.125,24	Wertberichtigung auf SA	16.125,24

a. 2013
b. 2014

Aufgabe 2

Teilaufgabe 2.1
  Entsprechend § 255 Abs. 1 HGB zählen zu den Anschaffungskosten alle Kosten, die notwendig sind, um einen Vermögensgegenstand in einen betriebsbereiten Zustand zu versetzen. Anzusetzen sind im hier vorliegenden Fall nur die Netto-Werte, da die digital print point OHG vorsteuerabzugsberechtigt ist. Entsprechend der Tabelle ergeben sich somit Anschaffungskosten von 52.060,00 EUR.
  Anschaffungskosten: 50.000 + 1.300 + 150 + 90 + 520 = 52.060,00 EUR
Teilaufgabe 2.2
  Abschreibungsbetrag 2013: 52.060/6 × 9/12 = 6.507,50 EUR
  Abschreibungsbetrag 2014: 52.060/6 = 8.676,67 EUR
Teilaufgabe 2.3

Tz.	Soll-Seite		Haben-Seite	
	Konto	Betrag (EUR)	Konto	Betrag (EUR)
1.	Pkw (0320)	52.060,00	Verbindlichkeiten aLuL (1600)	61.934,30
	Vorsteuer (19 %) (1576)	9.874,30		
2.a	Abschreibungen SA (4830)	6.507,50	Pkw (0320)	6.507,50
2.b	Abschreibungen SA (4830)	6.507,50	Wertberichtigung auf SA	6.507,50

2.a (direkte Methode) und 2.b (indirekte Methode) verstehen sich als Alternativen.

4.6 Buchungen im Anlagevermögen

Aufgabe 3

1. Begleichung einer Lieferantenrechnung für bspw. eine Registrierkasse per Banküberweisung unter Abzug eines nachträglichen Preisnachlasses und entsprechender Korrektur der Vorsteuer.
2. Abschreibungen auf Vermögensgegenstände, die zur BGA zählen (direkte Methode).
3. Verkauf von Ware auf Ziel mit vermindertem Umsatzsteuersatz.
4. Buchung einer außerplanmäßigen Abschreibung auf einen Vermögensgegenstand mittels der indirekten Abschreibungsmethode.
5. Privatentnahme von Lebensmittel unter Berücksichtigung der abzuführenden Umsatzsteuer (verminderter Steuersatz).
6. Aktivierung eines selbsterstellten Vermögensgegenstandes, der zur BGA zählt.
7. Planmäßige Abschreibung auf einen Vermögensgegenstand mittels der indirekten Abschreibungsmethode.
8. Eine Kunde begleicht seine Rechnung unter Abzug von Skonto per Banküberweisung. Die Umsatzsteuer wurde entsprechend korrigiert.
9. Abschluss des Wertberichtigungskontos über das Schlussbilanzkonto.
10. Abschluss des Abschreibungskontos über das Gewinn- und Verlustrechnungskonto.
11. Eine Anzahlung auf Waren mit gemindertem Umsatzsteuersatz wird per Banküberweisung geleistet. Eine zum Vorsteuerabzug berechtigende Anzahlungsrechnung liegt vor.
12. Rückgängigmachung einer außerplanmäßigen Abschreibung auf einen Vermögensgegenstand, der zur BGA zählt mittels der direkten Abschreibungsmethode.
13. Rückgängigmachung einer außerplanmäßigen Abschreibung auf einen Vermögensgegenstand mittels der indirekten Abschreibungsmethode.
14. Barabhebung vom Bankkonto zur Einlage in die Geschäftskasse.
15. Abschluss des Warenbestandskontos bei einer Bestandsminderung.
16. Das bilanzierende Unternehmen begleicht eine Rechnung per Banküberweisung unter Berücksichtigung eines nachträglich gewährten Bonus. Die Vorsteuer wird entsprechend korrigiert.[1]

---

[1] Im Aufgabentext des Lehrbuches muss es heißen Verbindlichkeiten aLuL (1600) und nicht „Forderungen aLuL (1400)" sowie Vorsteuer (19 %) (1576) und nicht „Umsatzsteuer (19 %) (1576)".

Aufgabe 4

Tz.	Soll-Seite		Haben-Seite	
	Konto	Betrag (EUR)	Konto	Betrag (EUR)
1.	BGA (0410)	1.750,00	Bank (1200)	1.963,50
	Vorsteuer (19 %) (1576)	313,50	BGA (0410)	100,00
	Abschreibungen SA (4830)[2]	45,83	BGA (0410)[1]	45,83
2.	Anz. andere Anl., BGA (0499)	10.000,00	Bank (1200)	11.900,00
	Vorsteuer (19 %) (1567)	1.900,00		
	Pkw (0320)	48.000,00	Bank (1200)	45.220,00
	Vorsteuer (19 %) (1567)[3]	7.220,00	Anz. andere Anl., BGA (0499)	10.000,00
	Abschreibungen SA (4830)[4]	2.400,00	Pkw (0320)	2.400,00
3.	BGA (0410)[5]	11.500,00	Verbindlichkeiten aLuL (1600)	11.900,00
	Vorsteuer (19 %) (1576)	2.185,00	Kasse (1000)	1.785,00
	Verbindlichkeiten aLuL (1600)	11.900,00	Bank (1200)	11.662,00
			BGA (0410)	200,00
			Vorsteuer (19 %) (1576)	38,00
	Abschreibungen SA (4830)[6]	1.130,00	BGA (0410)	1.130,00
4.	Pkw (0320)	9.600,00	Privateinlage (1890)	9.600,00
	Abschreibungen SA (4830)[7]	200,00	Pkw (0320)	200,00
5.	BGA (0410)	3.000,00	Privateinlage (1890)	3.000,00
	Abschreibungen SA (4830)[8]	500,00	BGA (0410)	500,00

[1] In der Musterlösung wurde die direkte Abschreibungsmethode angewendet.
[2] (1.500 + 250 − 100) / 3 x 1 / 12 = 45,83 EUR
[3] 48.000 x 0,19 − 1.900 = 7.220,00 EUR
[4] 48.000 / 5 x 3 / 12 = 2.400,00 EUR
[5] 12.500 x 0,8 +1.500 = 11.500,00 EUR
[6] (11.500 − 200) / 5 x 6 / 12 = 1.130,00 EUR
[7] 9.600 / 4 x 1 / 12 = 200,00 EUR
[8] 3.000 / 5 x 10 / 12 = 500,00 EUR

4.6 Buchungen im Anlagevermögen

Aufgabe 5

Tz.	Soll-Seite		Haben-Seite	
	Konto	Betrag (EUR)	Konto	Betrag (EUR)
1.	Bank (1200)	3.000,00	Kasse (1000)	3.000,00
2.	Forderungen aLuL (1400)	5.469,00	Umsatzerlöse (8200)a)	5.100,00
			Umsatzsteuer (7 %) (1771)	350,00
			Umsatzsteuer (19 %) (1776)	19,00
3.	Bank (1200)	11.662,00	Forderungen aLuL (1400)	11.900,00
	Gew. Skonti (8730)	200,00		
	Umsatzsteuer (19 %) (1776)	38,00		
4.	Gew. Boni (8769)	600,00	Forderungen aLuL (1400)	642,00
	Umsatzsteuer (7 %) (1771)	42,00		
5.	Bank (1200)	4.682,19	Forderungen aLuL (1400)1)	4.827,00
	Gew. Skonti (8730)2)	135,00		
	USt (19 %) (1776)3)	0,57		
	Umsatzsteuer (7 %) (1771)4)	9,24		
6.	Aufwendungen RHB (3000)	20.000,00	Verbindl. aLuL (1600)	23.800,00
	Vorsteuer (19 %) (1576)	3.800,00		
7.	Verbindl. aLuL (1600)	23.800,00	Bank (1200)	23.086,00
			Erh. Skonti (3733)	600,00
			Vorsteuer (19 %) (1576)	114,00
8.	Pkw (0320)	4.800,00	Verbindl. aLuL (1600)	5.712,00
	Vorsteuer (19 %) (1576)	912,00		
	Abschreibungen SA (4830)5)	100,00		100,00
			Pkw (0320)	
9.	Telefon (4920)	80,00	Bank (1200)	119,00
	Vorsteuer (19 %) (1576)	15,20		
	Privatentnahme (1800)	23,80		
10.	Privatentnahme (1800)	1.000,00	Kasse (1000)	1.000,00
11.a	Geschäftsbauten (0090)	360.000,00	Verbindl. ggü. KI (0630)	600.000,00
	Grund und Boden (0050)	240.000,00		
	Abschreibungen SA (4830)	7.200,00	Geschäftsbauten (0090)6)	7.200,00
11.b	Abschreibungen SA (4830)	4.500,00	BGA (0410)	4.500,00
12.	BV RHB-Stoffe (3955)	2.500,00	RHB-Stoffe (3970)	2.500,00
	Fertige Erzeugnisse (7110)	3.000,00	BV Fertige Erzeugn. (8980)	3.000,00
a.	Umsatzerlöse (8200)	335,00	Gew. Skonti (8730)	335,00
b.	Umsatzerlöse (8200)	600,00	Gew. Boni (8769)	600,00
c.	Erh. Skonti (3730)	600,00	Aufwendungen RHB (3000)	600,00
d.	Eigenkapital (0880)	1.023,80	Privatentnahmen (1800)	1.023,80
e.	Umsatzsteuer (19 %) (1776)	19,57	Vorsteuer (19 %) (1576)	19,57
f.	Eigenkapital (0880)	26.615,00	GuVK (9999), Verlust	26.615,0

a) In der Praxis wären zwei Umsatzerlöskonten anzusprechen, Umsatzerlöse (19 %) und Umsatzerlöse (7 %).
1) 5.469 − 642 = 4.827,00 EUR
2) 119 x 0,03 / 1,19 + (5.350 − 642) x 0,03 / 1,07 = 135,00 EUR
3) 119 x 0,03 / 119 x 19 = 0,57 EUR
4) (5.350 − 642) x 0,03 / 107 x 7 = 9,24 EUR
5) 4.800 / 4 x 1 / 12 = 100,00 EUR
6) 360.000 / 25 x 6 / 12 = 7.200,00 EUR

Verbindlichkeiten aLuL (1600)				
7.	23.800,00 €	AB		25.000,00 €
SB	30.712,00 €	6.		23.800,00 €
		8.		5.712,00 €
	54.512,00 €			54.512,00 €

Bestand RHB-Stoffe (3970)			
AB	20.000,00 €	SB	17.500,00 €
		BV	2.500,00 €
	20.000,00 €		20.000,00 €

Bank (1200)			
1.	3.000,00 €	AB	10.000,00 €
3.	11.662,00 €	7.	23.086,00 €
4.	4.682,19 €	9.	119,00 €
SB	13.860,81 €		
	33.205,00 €		33.205,00 €

Kasse (1000)			
AB	5.500,00 €	1.	3.000,00 €
		10.	1.000,00 €
		SB	1.500,00 €
	5.500,00 €		5.500,00 €

BGA (0410)			
AB	45.000,00 €	11.b	4.500,00 €
		SB	40.500,00 €
	45.000,00 €		45.000,00 €

Fertige Erzeugnisse (7110)			
AB	15.000,00 €	SB	18.000,00 €
BV	3.000,00 €		
	18.000,00 €		18.000,00 €

Eigenkapital (0880)			
PE	1.023,80 €	AB	70.500,00 €
GuVK	26.615,00 €		
SB	42.861,20 €		
	70.500,00 €		70.500,00 €

Forderungen aLuL (1400)			
AB	20.000,00 €	3.	11.900,00 €
2.	5.469,00 €	4.	642,00 €
		5.	4.827,00 €
		SB	8.100,00 €
	25.469,00 €		25.469,00 €

Umsatzsteuer (7 %) (1771)			
4.	42,00 €	2.	350,00 €
5.	9,24 €		
SB	298,76 €		
	350,00 €		350,00 €

Umsatzsteuer (19 %) (1776)			
3.	38,00 €	2.	19,00 €
5.	0,57 €	VSt	19,57 €
	38,57 €		38,57 €

4.6 Buchungen im Anlagevermögen

Vorsteuer (19 %) (1576)			
6.	3.800,00 €	7.	114,00 €
8.	912,00 €	SB	4.632,77 €
9.	15,20 €		
USt	19,57 €		
	4.746,77 €		4.746,77 €

Umsatzerlöse (8200)			
Boni	600,00 €	2.	5.100,00 €
Skon.	335,00 €		
GuVK	4.165,00 €		
	5.100,00 €		5.100,00 €

gew. Skonti (8730)			
3.	200,00 €	UE	335,00 €
5.	135,00 €		
	335,00 €		335,00 €

gew. Boni (8769)			
4.	600,00 €	UE	600,00 €
	600,00 €		600,00 €

Aufw. RHB-Stoffe (3000)			
6.	20.000,00 €	Skon.	600,00 €
		GuVK	19.400,00 €
	20.000,00 €		20.000,00 €

erh. Skonti RHB (3733)			
Aufw.	600,00 €	7.	600,00 €
	600,00 €		600,00 €

Telefon (4920)			
9.	80,00 €	GuVK	80,00 €
	80,00 €		80,00 €

Privatentnahmen (1800)			
9.	23,80 €	EK	1.023,80 €
10.	1.000,00 €		
	1.023,80 €		1.023,80 €

Pkw (0320)			
AB	0,00 €	8.	100,00 €
8.	4.800,00 €	SB	4.700,00 €
	4.800,00 €		4.800,00 €

Abschreibungen SA (4830)			
9.	100,00 €	GuVK	11.800,00 €
11.	11.700,00 €		
	11.800,00 €		11.800,00 €

Geschäftsbauten (0090)			
AB	0,00 €	11.a	7.200,00 €
11.	360.000,00 €	SB	352.800,00 €
	360.000,00 €		360.000,00 €

Grund und Boden (0050)			
AB	0,00 €	SB	240.000,00 €
11.	240.000,00 €		
	240.000,00 €		240.000,00 €

Verbindl. ggü. KI (0630)			
SB	60.000,00 €	AB	0,00 €
		11.	600.000,00 €
	600.000,00 €		600.000,00 €

BV RHB-Stoffe (3955)			
12.	2.500,00 €	GuVK	2.500,00 €
	2.500,00 €		2.500,00 €

BV Fertige Erzeugn. (8980)			
GuVK	3.000,00 €	12.	3.000,00 €
	3.000,00 €		3.000,00 €

Gewinn- und Verlustrechnungskonto (9999)			
Aufw. RHB-Stoffe (3000)	19.400,00 €	Umsatzerlöse (8200)	4.165,00 €
Abschreibungen SA (4830)	11.800,00 €	BV Fertige Erzeugn. (8980)	3.000,00 €
BV RHB-Stoffe (3955)	2.500,00 €	Eigenkapital (0880), Verlust	26.615,00 €
Telefon (4920)	80,00 €		
	33.780,00 €		33.780,00 €

Schlussbilanzkonto (9998)			
Grund und Boden (0050)	240.000,00 €	Eigenkapital (0880)	42.861,20 €
Geschäftsbauten (0090)	352.800,00 €	Verbindl. ggü.Kl (0630)	30.712,00 €
Pkw (0320)	4.700,00 €	Verbindlichkeiten aLuL (1600)	600.000,00 €
BGA (0410)	40.500,00 €	Bank (1200)	13.860,81 €
Bestand RHB-Stoffe (3970)	17.500,00 €	Umsatzsteuer (7 %) (1771)	298,76 €
Fertige Erzeugnisse (7110)	18.000,00 €		
Vorsteuer (19 %) (1576)	4.632,77 €		
Forderungen (1400)	8.100,00 €		
Kasse (1000)	1.500,00 €		
	687.732,77 €		687.732,77 €

4.6.5 Der Verkauf von Gütern des Anlagevermögens (S. 349 f.)

Aufgabe 1

1. Abschluss des Vorsteuer- über das Umsatzsteuerkonto.
2. Abschluss des Bezugsnebenkosten- über das Wareneingangskonto.
3. Buchung der Abschreibung auf einen Schreibtisch.
4. Abschluss des Warenbestandskontos bei einer Bestandsminderung.
5. Verkauf einer Maschine aus dem Anlagevermögen auf Ziel unter Berücksichtigung der entsprechenden Umsatzsteuer.
6. Buchung des Maschinenabgangs im Zuge des Verkaufs einer Maschine aus dem Anlagevermögen.
7. Privateinlage von Briefmarken.

8. Abschluss des Sammelkontos Privat über das Eigenkapitalkonto bei einem Privateinlageüberschuss.
9. Verkauf einer gebrauchten Registrierkasse aus dem Anlagevermögen über Buchwert auf Ziel unter Berücksichtigung der entsprechenden Umsatzsteuer.
10. Ein Kunde begleicht seine Rechnung per Banküberweisung unter Abzug von Skonto mit entsprechender Korrektur der Umsatzsteuer.
11. Abschluss des Kontos gewährte Skonti über das Umsatzerlöskonto.

Aufgabe 2

Tz.	Soll-Seite		Haben-Seite	
	Konto	Betrag (EUR)	Konto	Betrag (EUR)
1.	Forderungen aLuL (1400)	4.760,00	BGA (0410)	7.000,00
	Verluste Abgang AV (2730)	3.000,00	Umsatzsteuer (19 %) (1776)	760,00
2.	Abschreibungen SA (4830)[1]	7.500,00	BGA (0410)	7.500,00
	Forderungen aLuL (1400)	47.600,00	BGA (0410)	37.500,00
			Umsatzsteuer (19 %) (1776)	7.600,00
			Erträge Abgang AV (2720)	2.500,00
	Bank (1200)	47.600,00	Forderungen aLuL (1400)	47.600,00
3.	Abschreibungen SA (4830)[2]	500,00	Pkw (0320)	500,00
	Privatentnahme (1800)	7.735,00	Erlöse UWA (8900)	6.500,00
			Umsatzsteuer (19 %) (1776)	1.235,00
	Anlagenabgänge SA (2315)	5.500,00	Pkw (0320)	5.500,00

[1] 9.000 x 10 / 12 = 7.500,00 EUR
[2] 3.000 x 2 / 12 = 500,00 EUR

4.6.6 Geringwertige Wirtschaftsgüter (S. 355 ff.)

Aufgabe 1

Tz.	Soll-Seite		Haben-Seite	
	Konto	Betrag (EUR)	Konto	Betrag (EUR)
1.	Forderungen aLuL (1400)	535,50	Erlöse Verkäufe SA (8800)[1]	450,00
			Umsatzsteuer (19 %) (1776)	85,50

[1] Eine Buchung auf dem Konto „Sonstige betriebsfremde Erträge" (2510) wäre auch möglich.

Aufgabe 2

- Hoher Gewinn

Tz.	Soll-Seite		Haben-Seite	
	Konto	Betrag (EUR)	Konto	Betrag (EUR)
1.	Büroeinrichtung (0420)	375,00	Verbindlichkeiten aLuL (1600)	446,25
	Vorsteuer (19 %) (1576)	71,25		
2.	Abschreibungen SA (4830)[1]	53,00	Büroeinrichtung (0420)	53,00

[1] 375 / 6 x 10 / 12 = 52,08≈53,00 EUR. Soll ein möglichst hoher Gewinn ausgewiesen werden, müssen die Aufwendungen – hier also die Abschreibungen – niedrig sein. Zur Disposition stand, den Bürostuhl als Büroeinrichtung zu erfassen und zeitanteilig über die Nutzungsdauer abzuschreiben, ihn in den Sammelposten GWG einzustellen und jährlich mit einem Fünftel abzuschreiben oder den Stuhl sofort als Aufwand (375,00 EUR) auszubuchen. Da im ersten Fall der Abschreibungsbetrag und damit Aufwand (53,00 EUR) niedriger ist als im zweiten (375 / 5 = 75,00 EUR) und dritten Fall (375,00 EUR), ist die erste Variante zu wählen.

- Niedriger Gewinn

Tz.	Soll-Seite		Haben-Seite	
	Konto	Betrag (EUR)	Konto	Betrag (EUR)
a.	Sofortabschr. GWG (4855)[1]	375,00	Verbindlichkeiten aLuL (1600)	446,25
	Vorsteuer (19 %) (1576)	71,25		

[1] Zur Begründung siehe in vergleichbarer Art und Weise Fußnote [1] für den Fall "hoher Gewinn". Für einen niedrigen Gewinn muss der Aufwand möglichst hoch sein.

Aufgabe 3

Tz.	Soll-Seite		Haben-Seite	
	Konto	Betrag (EUR)	Konto	Betrag (EUR)
1.	Büroeinrichtung (0420)	1.100,00	Verbindlichkeiten aLuL (1600)	1.309,00
	Vorsteuer (19 %) (1576)	209,00		
2.[1]	Verbindlichkeiten aLuL (1600)	130,90	Büroeinrichtung (0420)	110,00
			Vorsteuer (19 %) (1576)	20,90
	SP GWG 2013 (0485)	990,00	Büroeinrichtung (0420)	990,00
	Abschr. GWG 2013 (4862)[2]	198,00	SP GWG 2013 (0485)	198,00

[1] Der Hinweis im Lehrbuch „Auf volle Euro-Beträge runden" bezieht sich auf den Abschreibungsbetrag.
[2] 990 / 5 = 198,00 EUR. Der Vermögensgegenstand wird als GWG jährlich mit einem Fünftel seiner historischen Anschaffungskosten abgeschrieben. Eine Umbuchung als GWG erfolgt, da die digital print point OHG einen möglichst niedrigen Gewinn ausweisen möchte. Würde das Diktiergerät weiterhin als Büroeinrichtung geführt, wären nur 96,25 EUR (= 990 / 6 x 7 / 12) abzuschreiben. Ein möglichst niedriger Gewinn erfordert hohe Aufwendungen, so dass die Sammelpostenmethode vorzuziehen ist.

4.6 Buchungen im Anlagevermögen

Aufgabe 4

Tz.	Soll-Seite		Haben-Seite	
	Konto	Betrag (EUR)	Konto	Betrag (EUR)
1.	BGA (0410)	2.500,00	Verbindlichkeiten aLuL (1600)	2.975,00
	Vorsteuer (19 %) (1576)	475,00		
	Abschreibungen SA (4830)[1)]	178,57	BGA (0410)	178,57
2.	SP GWG 2013 (0485)	900,00	Kasse (1000)	1071,00
	Vorsteuer (19 %) (1576)	171,00		
	Abschr. GWG 2013 (4862)[2)]	180,00	SP GWG 2013 (0485)	180,00
3.	Abgänge einzelner Wirtschaftsgüter aus dem Sammelposten werden entsprechend § 6 Abs. 2a Satz 3 EStG als solche nicht erfasst, so dass keine Buchung erfolgt.			
4.	BGA (0410)	1.100,00	Verbindlichkeiten aLuL (1600)	1.309,00
	Vorsteuer (19 %) (1576)	209,00		
	Verbindlichkeiten aLuL (1600)	130,90	BGA (0410)	110,00
			Vorsteuer (19 %) (1576)	20,90
	SP GWG 2013 (0485)	990,00	BGA (0410)	990,00
	Abschr. GWG 2013 (4862)[3)]	198,00	SP GWG 2013 (0485)	198,00

[1)] 2.500 / 7 x 6 / 12 = 178,57 EUR. Zur Begründung in analoger Art und Weise siehe Fußnote [1)] in Aufgabe 1.

[2)] Soll ein möglichst niedriger Gewinn ausgewiesen werden, müssen die Aufwendungen – hier also die Abschreibungen – hoch sein. Zur Disposition stand, den Schreibtisch als Büroeinrichtung zu erfassen und zeitanteilig über die Nutzungsdauer abzuschreiben oder ihn in den Sammelposten GWG einzustellen und jährlich mit einem Fünftel seiner historischen Anschaffungskosten abzuschreiben. Da im zweiten Fall der Abschreibungsbetrag und damit Aufwand (900 / 5 = 180,00 EUR) höher ist als im ersten Fall (900 / 10 x 2 / 12 = 15,00 EUR), ist erste Variante zu wählen.

[3)] 990 / 5 = 198,00 EUR. Der Vermögensgegenstand wird als GWG jährlich mit einem Fünftel seiner historischen Anschaffungskosten abgeschrieben. Eine Umbuchung als GWG erfolgt, da die digital print point OHG einen möglichst niedrigen Gewinn ausweisen möchte. Würde die Registrierkasse weiterhin als BGA geführt, wären nur 16,50 EUR (= 990 / 10 x 2 / 12) abzuschreiben. Ein möglichst niedriger Gewinn erfordert hohe Aufwendungen, so dass die Sammelpostenmethode vorzuziehen ist.

Aufgabe 5

Tz.	Soll-Seite		Haben-Seite	
	Konto	Betrag (EUR)	Konto	Betrag (EUR)
1.	Kasse (1000)	3.500,00	Bank (1200)	3.500,00
2.	SP GWG 2014 (0485)[1)]	2.500,00	Kasse (1000)	2.975,00
	Vorsteuer (19 %) (1576)	475,00		
	Abschr. GWG 2014 (4862)	500,00	SP GWG 2014 (0485)	500,00
3.	BGA (0410)	6.000,00	Verbindlichkeiten aLuL (1600)	7.140,00
	Vorsteuer (19 %) (1576)	1.140,00		
4.	BGA (0410)	100,00	Kasse (1000)	119,00
	Vorsteuer (19 %) (1576)	19,00		
	Abschreibungen SA (4830)[2)]	423,61	BGA (0410)	423,61
5.	Aufwendungen RHB (3000)	2.000,00	Verbindlichkeiten aLuL (1600)	2.380,00
	Vorsteuer (19 %) (1576)	380,00		
6.	Pkw (0320)	45.000,00	Privateinlage (1890)	45.000,00
	Abschreibungen SA (4830)[3)]	2.500,00	Pkw (0320)	2.500,00
7.	SP GWG 2014 (0485)[4)]	900,00	Verbindlichkeiten aLuL (1600)	1.071,00
	Vorsteuer (19 %) (1576)	171,00		
8.	Verbindlichkeiten aLuL (1600)	1.071,00	Bank (1200)	1.049,58
			SP GWG 2014 (0485)[5)]	18,00
			Vorsteuer (19 %) (1576)	3,42
	Abschr. GWG 2014 (4862)	176,40	SP GWG 2014 (0485)	176,40
9.	Bank (1200)	11.662,00	Forderungen aLuL (1400)	11.900,00
	Gew. Skonti (8730)	200,00		
	Umsatzsteuer (19 %) (1776)	38,00		
10.	Abschreibungen SA (4830)	19.300,00	BGA (0410)	15.500,00
			Pkw (0320)	3.800,00
11.	BV Fert. Erzeug. (8980)	1.800,00	Fertige Erzeugnisse (7110)	1.800,00
	Roh-, Hilfs- Betriebsst. (3970)	1.000,00	BV RHB-Stoffe (3955)	1.000,00
a.	Abschr. GWG 2013 (4862)[6)]	500,00	SP GWG 2013 (0485)	500,00
b.	Privateinlagen (1890)	45.000,00	Eigenkapital (0880)	45.000,00
c.	Umsatzsteuer (19 %) (1776)	38,00	Vorsteuer (19 %) (1576)	38,00
d.	Eigenkapital (0880)	26.400,01	GuVK (9999), Verlust	26.400,01

[1)] Soll ein möglichst niedriger Gewinn ausgewiesen werden, müssen die Aufwendungen – hier also die Abschreibungen – hoch sein. Zur Disposition stand, die Leinwände als Büroeinrichtung zu erfassen und zeitanteilig über die Nutzungsdauer abzuschreiben oder sie in den Sammelposten GWG einzustellen und jährlich mit einem Fünftel ihrer historischen Anschaffungskosten abzuschreiben. Da im zweiten Fall der Abschreibungsbetrag und damit Aufwand (2.500 / 5 = 500,00 EUR) höher ist als im ersten Fall (2.500 / 8 x 5 / 12 = 130,21 EUR), ist erste Variante zu wählen.

[2)] (6.000 + 100) / 6 x 5 / 12 = 423,61 EUR

[3)] 45.000 / 4,5 x 3 / 12 = 2.500,00 EUR

[4)] Soll ein möglichst niedriger Gewinn ausgewiesen werden, müssen die Aufwendungen – hier also die Abschreibungen – hoch sein. Zur Disposition stand, die Registrierkasse als BGA zu erfassen und zeitanteilig über die Nutzungsdauer abzuschreiben oder sie in den Sammelposten GWG einzustellen und jährlich mit einem Fünftel der historischen Anschaffungskosten abzuschreiben. Da im zweiten Fall der Abschreibungsbetrag und damit Aufwand (900 / 5 = 450,00 EUR) höher ist als im ersten Fall (900 / 10 x 2 / 12 = 15,00 EUR), ist erste Variante zu wählen.

[5)] (900 – 18) / 5 = 176,40 EUR. Der Vollständigkeit halber sei angemerkt, dass ein Preisnachlass ein GWG nur dann mindern darf, wenn er im gleichen Jahr (also im Jahr des Erwerbs) in Anspruch genommen wurde. Ein im nächsten Jahr in Anspruch genommener Preisnachlass darf die AK/HK nicht mehr mindern (siehe BFH, BStBl II, 1991, S. 456).

[6)] 2.000 / 4 = 500,00 EUR. Der Sammelposten GWG 2013 wurde bereits 2013 um 1/5 abgeschrieben. Der Anfangsbestand in Höhe von 2.000,00 EUR stellt demnach 4/5 der historischen Anschaffungskosten dar. Diese müssen als Aufwand auf die verbleibenden 4 Jahre verteilt werden.

4.6 Buchungen im Anlagevermögen

	Bank (1200)				Forderungen aLuL (1400)		
AB	38.000,00 €	1.	3.500,00 €	AB	28.000,00 €	9.	11.900,00 €
9.	11.662,00 €	7.	1.049,58 €			SB	16.100,00 €
		SB	45.112,42 €		28.000,00 €		28.000,00 €
	49.662,00 €		49.662,00 €				

	Verbindlichkeiten aLuL (1600)				Pkw (0320)		
8.	1.071,00 €	AB	28.500,00 €	AB	10.000,00 €	6.	2.500,00 €
SB	38.020,00 €	3.	7.140,00 €	6.	45.000,00 €	10.	3.800,00 €
		5.	2.038,00 €			SB	48.700,00 €
		7.	1.071,00 €		55.000,00 €		55.000,00 €
	39.091,00 €		39.091,00 €				

	BGA (0410)				Fertige Erzeugnisse (7110)		
AB	35.000,00 €	4.	423,61 €	AB	15.800,00 €	SB	14.000,00 €
3.	6.000,00 €	10.	15.500,00 €			BV	1.800,00 €
4.	100,00 €	SB	25.176,39 €		15.800,00 €		15.800,00 €
	41.100,00 €		41.100,00 €				

	SP GWG 2013 (0485)				Verbindl. ggü. KI (0630)		
AB	2.000,00 €	a.	500,00 €	SB	15.000,00 €	AB	15.000,00 €
		SB	1.500,00 €		15.000,00 €		15.000,00 €
	2.000,00 €		2.000,00 €				

	Eigenkapital (0880)				Kasse (1000)		
GuVK	26.400,01 €	AB	85.300,00 €	AB	0,00 €	2.	2.975,00 €
SB	103.899,99 €	NE	45.000,00 €	1.	3.500,00 €	4.	119,00 €
						SB	406,00 €
	130.300,00 €		130.300,00 €		3.500,00 €		3.500,00 €

	SP GWG 2014 (0485)					Vorsteuer (19 %) (1576)		
2.	2.500,00 €	2.	500,00 €	2.	475,00 €	8.		3,42 €
7.	900,00 €	8.	18,00 €	3.	1.140,00 €	SB		2.219,58 €
		8.	176,40 €	4.	19,00 €			
		SB	2.580,60 €	5.	380,00 €			
	2.705,60 €		2.705,60 €	7.	171,00 €			
				USt	38,00 €			
					2.223,00 €			2.223,00 €

	Abschr. SP GWG 2014 (4862)				Abschreibungen SA (4830)		
2.	500,00 €	GuVK	676,40 €	4.	423,61 €	GuVK	22.223,61 €
8.	176,40 €			6.	2.500,00 €		
	676,40 €		676,40 €	10.	19.300,00 €		
					22.223,61 €		22.223,61 €

	Aufwend. RHB-Stoffe (3000)				Privateinlage (1890)		
5.	2.000,00 €	GuVK	2.000,00 €	EK	45.000,00 €	6.	45.000,00 €
	2.000,00 €		2.000,00 €		45.000,00 €		45.000,00 €

	gew. Skonti. (8730)				Umsatzsteuer (19 %) (1776)		
9.	200,00 €	GuVK	200,00 €	9.	38,00 €	VSt	38,00 €
	200,00 €		200,00 €		38,00 €		38,00 €

	BV Fertige Erzeugnisse (8980)				Bestand RHB-Stoffe (3970)		
11.	1.800,00 €	GuVK	1.800,00 €	AB	0,00 €	SB	1.000,00 €
	1.800,00 €		1.800,00 €	BV	1.000,00 €		
					1.000,00 €		1.000,00 €

	BV RHB-Stoffe (3955)				Abschr. SP GWG 2013 (4862)		
GuVK	1.000,00 €	11.	1.000,00 €	a.	500,00 €	GuVK	500,00 €
	1.000,00 €		1.000,00 €		500,00 €		500,00 €

4.7 Finanzwirtschaft (Darlehensaufnahme und –rückzahlung)

Gewinn- und Verlustrechnungskonto (9999)

Soll		Haben	
Abschreibungen SA (4830)	22.223,61 €	BV RHB-Stoffe (3955)	1.000,00 €
Abschr. SP GWG 2013 (4862)	500,00 €	Eigenkapital (0880), Verlust	26.400,01 €
Abschr. SP GWG 2014 (4862)	676,40 €		
Aufwend. RHB-Stoffe (3000)	2.000,00 €		
gew. Skonti (8730)	200,00 €		
BV Fert. Erzeugn. (8980)	1.800,00 €		
	27.400,01 €		27.400,01 €

Schlussbilanzkonto (9998)

Soll		Haben	
Pkw (0320)	48.700,00 €	Eigenkapital (0880)	103.899,99 €
BGA (0410)	25.176,39 €	Verbindlichkeiten ggü. KI (0630)	15.000,00 €
Bestand RHB-Stoffe (3970)	1.000,00 €	Verbindlichkeiten aLuL (1600)	38.020,00 €
Fertige Erzeugnisse (7110)	14.000,00 €		
SP GWG 2013 (0485)	1.500,00 €		
SP GWG 2014 (0485)	2.705,60 €		
Vorsteuer (19 %) (1576)	2.219,58 €		
Forderungen aLuL (1400)	16.100,00 €		
Bank (1200)	45.112,42 €		
Kasse (1000)	406,00 €		
	156.919,99 €		156.919,99 €

4.7 Finanzwirtschaft (Darlehensaufnahme und –rückzahlung

Aufgabe 1

Tz.	Soll-Seite		Haben-Seite	
	Konto	Betrag (EUR)	Konto	Betrag (EUR)
a.	Bank (1200)	93.000,00	Verbindl. ggü. KI (0630)	100.000,00
	Damnum/Disagio (0986)	7.000,00		
	Abschr. auf Disagio (2124)[1]	1.000,00	Damnum/Disagio (0986)	1.000,00
b.	Bank (1200)	93.000,00	Verbindl. ggü. KI (0630)	100.000,00
	Damnum/Disagio (0986)	7.000,00		
	Abschr. auf Disagio (2124)[2]	1.750,00	Damnum/Disagio (0986)	1.750,00

[1] 7.000 / 7 = 1.000,00 EUR
[2] 7.000 / (7 + 6 + 5 + 4 + 3 + 2 + 1) x 7 = 1.750,00 EUR

Aufgabe 2

- Handelsbilanz[1]

Tz.	Soll-Seite		Haben-Seite	
	Konto	Betrag (EUR)	Konto	Betrag (EUR)
a.	Bank (1200)	28.500,00	Verbindl. ggü. KI (0630)	30.000,00
	Zinsaufwendungen (2110)[2]	1.500,00		
b.	Zinsaufwendungen (2110)[2]	1.125,00	Sonst. Verbindl. (1700)[3]	1.125,00

a. Buchungen im Jahr 2013
b. Buchungen im Jahr 2014
[1] Neben dem Vorgehen in der Steuerbilanz (siehe weiter unten) besteht die Möglichkeit, das Damnum sofort – wir hier dargestellt – in voller Höhe als Aufwand auszubuchen.
[2] 30.000 x 0,05 x 9 / 12 = 1.125,00 EUR
[3] Da das Thema Rechnungsabgrenzung noch nicht behandelt wurde, wäre auch eine Buchung auf dem Konto Verbindlichkeiten ggü. Kreditinstituten als korrekt zu werten.

- Steuerbilanz

Tz.	Soll-Seite		Haben-Seite	
	Konto	Betrag (EUR)	Konto	Betrag (EUR)
a.	Bank (1200)	28.500,00	Verbindl. ggü. KI (0630)	30.000,00
	Damnum/Disagio (0986)	1.500,00		
b.	Abschr. auf Disagio (2124)[1]	225,00	Damnum/Disagio (0986)	225,00
	Zinsaufwendungen (2110)[2]	1.125,00	Sonst. Verbindl. (1700)[3]	1.125,00

a. Buchungen im Jahr 2013
b. Buchungen im Jahr 2014
[1] 1.500 / 5 x 9 / 12 = 225,00 EUR
[2] 30.000 x 0,05 x 9 / 12 = 1.125,00 EUR
[3] Da das Thema Rechnungsabgrenzung noch nicht behandelt wurde, wäre auch eine Buchung auf dem Konto Verbindlichkeiten ggü. Kreditinstituten als korrekt zu werten.

Aufgabe 3

Tz.	Soll-Seite		Haben-Seite	
	Konto	Betrag (EUR)	Konto	Betrag (EUR)
a.	Bank (1200)	97.000,00	Verbindl. ggü. KI (0630)	100.000,00
	Damnum/Disagio (0986)	3.000,00		
b.	Abschr. auf Disagio (2124)	500,00	Damnum/Disagio (0986)	500,00
	Zinsaufwendungen (2110)	6.000,00	Bank (1200)	6.000,00

a. Buchungen am 02.01.2013
b. Buchungen am 31.12.2013

4.7 Finanzwirtschaft (Darlehensaufnahme und –rückzahlung)

Aufgabe 4

Tz.	Soll-Seite Konto	Betrag (EUR)	Haben-Seite Konto	Betrag (EUR)
1.	Forderungen aLuL (1400)	11.900,00	Umsatzerlöse (8200)	10.000,00
			Umsatzsteuer (19 %) (1776)	1.900,00
2.	Ausgangsfrachten (4730)	250,00	Kasse (1000)	297,50
	Vorsteuer (19 %) (1576)	47,50		
3.	Erlösschmälerungen (8700)	2.500,00	Forderungen aLuL (1400)	2.975,00
	Umsatzsteuer (19 %) (1776)	475,00		
4.	Bank (1200)	8.746,50	Forderungen aLuL (1400)	8.925,00
	Gew. Skonti (8730)	150,00		
	Umsatzsteuer (19 %) (1776)	28,50		
5.	Kasse (1000)	1.500,00	Bank (1200)	1.500,00
6.	Privatentnahmen (1800)	2.500,00	Bank (1200)	2.500,00
7.	Telefon (4920)	64,00	Bank (1200)	95,20
	Vorsteuer (19 %) (1576)	12,16		
	Privatentnahmen (1800)	19,04		
8.	Bank (1200)	57.000,00	Verbindl. ggü. KI (0630)	60.000,00
	Damnum/Disagio (0986)	3.000,00		
	Abschr. auf Disagio (2124)[1]	25,00	Damnum/Disagio (0986)	25,00
	Zinsaufwendungen (2110)[2]	300,00	Bank (1200)	300,00
9.	Pkw (0320)	57.000,00	Bank (1200)	67.830,00
	Vorsteuer (19 %) (1576)	10.830,00		
	Abschreibungen SA (4830)[3]	1.187,50	Pkw (0320)	1.187,50
10.	Abschreibungen SA (4830)	25.000,00	Geschäftsbauten (0090)	25.000,00
11.	Warenbestand (3980)	2.000,00	BV Waren (3950)	2.000,00
a.	Abschr. SP GWG (4862)[4]	2.000,00	SP GWG 2013 (0485)	2.000,00
b.	Kosten Warenabg. (4700)	250,00	Ausgangsfrachten (4730)	250,00
c.	Umsatzerlöse (8200)	2.500,00	Erlösschmälerungen (8700)	2.500,00
d.	Umsatzerlöse (8200)	150,00	Gew. Skonti (8730)	150,00
e.	Eigenkapital (0880)	2.519,094	Privatentnahmen (1800)	2.519,04
f.	Umsatzsteuer (19 %) (1776)	1.396,50	Vorsteuer (19 %) (1576)	1.396,50
	Eigenkapital (0880)	19.476,50	GuVK (9999), Verlust	19.476,50

[1] 3.000 / 10 x 1 / 12 = 25,00 EUR. Die Formulierung im Lehrbuch „Schulmeister möchte den Zinsaufwand in diesem Jahr möglichst gering halten" könnte missverständlich sein. Sie bezieht sich auf das Damnum. Dieses stellt eine Art „Vorabzins" dar, der an die Bank für das Festzinsversprechen zu zahlen ist. Häufig wird daher die „Abschreibung" auf das Damnum auf das Konto Zinsaufwendungen gebucht. Soll der Zinsaufwand möglichst gering sein, ist demzufolge das Damnum über die Laufzeit zu verteilen.

[2] 60.000 x 0,06 x 1 / 12 = 300,00 EUR

[3] 57.000 / 4 x 1 / 12 = 1.187,50 EUR

[4] 8.000 / 4 = 2.000,00 EUR. Der Sammelposten GWG 2013 wurde bereits 2013 um 1/5 abgeschrieben. Der Anfangsbestand in Höhe von 8.000,00 EUR stellt demnach 4/5 der historischen Anschaffungskosten dar. Diese müssen als Aufwand auf die verbleibenden 4 Jahre verteilt werden.

Gebäude (0090)			
AB	170.000,00 €	10.	25.000,00 €
		SB	145.000,00 €
	170.000,00 €		170.000,00 €

Verbindlichkeiten aLuL (1600)			
SB	25.000,00 €	AB	25.000,00 €
	25.000,00 €		25.000,00 €

Warenbestand (3980)			
AB	13.000,00 €	SB	15.000,00 €
BV	2.000,00 €		
	15.000,00 €		15.000,00 €

Kasse (1000)			
AB	4.500,00 €	2.	297,50 €
5.	1.500,00 €	SB	5.702,50 €
	6.000,00 €		6.000,00 €

SP GWG 2013 (0485)			
AB	8.000,00 €	a.	2.000,00 €
		SB	6.000,00 €
	8.000,00 €		8.000,00 €

Grund und Boden (0050)			
AB	250.000,00 €	SB	250.000,00 €
	250.000,00 €		250.000,00 €

Eigenkapital (0880)			
PE	2.519,04 €	AB	420.500,00 €
GuVK	19.476,50 €		
SB	398.504,46 €		
	420.500,00 €		420.500,00 €

Forderungen aLuL (1400)			
AB	0,00 €	3.	2.975,00 €
1.	11.900,00 €	4.	8.925,00 €
		SB	- €
	11.900,00 €		11.900,00 €

Umsatzerlöse (8200)			
ES	2.500,00 €	1.	10.000,00 €
Skon.	150,00 €		
GuVK	7.350,00 €		
	10.000,00 €		10.000,00 €

Umsatzsteuer (19 %) (1776)			
3.	475,00 €	1.	1.900,00 €
4.	28,50 €		
VSt	1.396,50 €		
	1.900,00 €		1.900,00 €

Ausgangsfrachten (4730)			
2.	250,00 €	KWA	250,00 €
	250,00 €		250,00 €

Vorsteuer (19 %) (1576)			
2.	47,50 €	USt	1.396,50 €
7.	12,16 €	SB	9.493,16 €
9.	10.830,00 €		
	10.889,66 €		10.889,66 €

4.7 Finanzwirtschaft (Darlehensaufnahme und -rückzahlung)

Erlösschmälerungen (8700)					Bank (1200)			
3.	2.500,00 €	UE	2.500,00 €	AB	0,00 €	5.	1.500,00 €
	2.500,00 €		2.500,00 €	4.	8.746,50 €	6.	2.500,00 €
				8.	57.000,00 €	7.	95,20 €
				SB	6.478,70 €	8.	300,00 €
						9.	67.830,00 €
					72.225,20 €		72.225,20 €

gew. Skonti (8730)					Privatentnahmen (1800)			
4.	150,00 €	UE	150,00 €	6.	2.500,00 €	EK	2.519,04 €
	150,00 €		150,00 €	7.	19,04 €		
					2.519,04 €		2.519,04 €

Telefon (4920)					Damnum/Disagio (0986)			
7.	64,00 €	GuVK	64,00 €	8.	3.000,00 €	8.	25,00 €
	64,00 €		64,00 €			SB	2.975,00 €
					3.000,00 €		3.000,00 €

Verbindl. ggü. KI (0630)					Abschr. auf Disagio (2124)			
SB	60.000,00 €	8.	60.000,00 €	8.	25,00 €	GuVK	25,00 €
	60.000,00 €		60.000,00 €		25,00 €		25,00 €

Zinsaufwendungen (2110)					Pkw (0320)			
8.	300,00 €	GuVK	300,00 €	9.	57.000,00 €	9.	1.187,50 €
	300,00 €		300,00 €			SB	55.812,50 €
					57.000,00 €		57.000,00 €

Abschreibungen SA (4830)					Abschr. SP GWG (4862)			
9.	1.187,50 €	SB	26.187,50 €	a.	2.000,00 €	GuVK	2.000,00 €
10.	25.000,00 €				2.000,00 €		2.000,00 €
	26.187,50 €		26.187,50 €				

Kosten Warenabg. (4700)					BV Waren (3950)			
AF	250,00 €	GuVK	250,00 €	GuVK	2.000,00 €	11.	2.000,00 €
	250,00 €		250,00 €		2.000,00 €		2.000,00 €

Gewinn- und Verlustrechnungskonto (9999)			
Telefon (4920)	64,00 €	Umsatzerlöse (8200)	7.350,00 €
Zinsaufwendungen (2110)	300,00 €	BV Waren (3950)	2.000,00 €
Abschr. auf Disagio (2124)	25,00 €	Eigenkapital (0880), Verlust	19.476,50 €
Abschreibungen SA (4830)	26.187,50 €		
Abschr. SP GWG (4862)	2.000,00 €		
Kosten Warenabg. (4700)	250,00 €		
	28.826,50 €		28.826,50 €

Schlussbilanzkonto (9998)			
Grund und Boden (0050)	250.000,00 €	Eigenkapital (0880)	398.504,46 €
Geschäftsbauten (0090)	145.000,00 €	Verbindl. ggü. KI (0630)	60.000,00 €
Pkw (0320)	55.812,50 €	Verbindlichkeiten aLuL (16000)	25.000,00 €
SP GWG 2013 (0485)	6.000,00 €	Bank (1200)	6.478,70 €
Damnum/Disagio (0986)	2.975,00 €		
Warenbestand (3980)	15.000,00 €		
Vorsteuer (19 %) (1576)	9.493,16 €		
Kasse (1000)	5.702,50 €		
	489.983,16 €		489.983,16 €

4.8 Abschreibungen auf Forderungen

Aufgabe 1

Tz.	Soll-Seite		Haben-Seite	
	Konto	Betrag (EUR)	Konto	Betrag (EUR)
1.	Zweifelhafte Ford. (1460)	2.380,00	Forderungen aLuL (1400)	2.380,00
	Abschreib. auf UV (4886)[1]	1.600,00	EWB auf Ford. (0998)	1.600,00
a.	Bank (1200)	476,00	Zweifelhafte Ford. (1460)	2.380,00
	EWB auf Ford. (0998)	1.600,00		
	Umsatzsteuer (19 %) (1776)	304,00		
b.	Bank (1200)	238,00	Zweifelhafte Ford. (1460)	2.380,00
	EWB auf Ford. (0998)	1.600,00		
	Forderungsverluste (2400)	200,00		
	Umsatzsteuer (19 %) (1776)	342,00		
c.	Bank (1200)	952,00	Zweifelhafte Ford. (1460)	2.380,00
	EWB auf Ford. (0998)	1.600,00	Erträge abge. Ford. (2732)	400,00
	Umsatzsteuer (19 %) (1776)	228,00		

[1] 2.380 / 1,19 x 0,8 = 1.600,00 EUR. Abzuschreiben ist nur auf den Nettowert der Forderung.
[2] Würde es sich um eine Forderung aus aus den Vorjahren handeln, müsste auf dem Konto Umsatzsteuer frühere Jahre (1791) gebucht werden.

4.8 Abschreibungen auf Forderungen

Aufgabe 2

Tz.	Soll-Seite		Haben-Seite	
	Konto	Betrag (EUR)	Konto	Betrag (EUR)
1.	Zweifelhafte Ford. (1460)	3.570,00	Forderungen aLuL (1400)	3.570,00
2.	Forderungsverluste (2400)	3.000,00	Zweifelhafte Ford. (1460)	3.570,00
	Umsatzsteuer (19 %) (1776)	570,00		

Aufgabe 3

Tz.	Soll-Seite		Haben-Seite	
	Konto	Betrag (EUR)	Konto	Betrag (EUR)
1.	Einstellung in PWB (2450)[1]	2.750,00	PWB zu Forderungen (0996)	2.750,00

[1] 89.250 / 1,19 x 0,05 – 1.000 = 2.750,00 EUR

Aufgabe 4

Tz.	Soll-Seite		Haben-Seite	
	Konto	Betrag (EUR)	Konto	Betrag (EUR)
1.	Zweifelhafte Ford. (1460)	119.000,00	Forderungen aLuL (1400)	119.000,00
2.	Forderungsverluste 2400)	100.000,00	Zweifelhafte Ford. (1460)	119.000,00
	Umsatzsteuer (19 %) (1776)	19.000,00		

Aufgabe 5

Tz.	Soll-Seite		Haben-Seite	
	Konto	Betrag (EUR)	Konto	Betrag (EUR)
1.	Zweifelhafte Ford. (1460)	3.570,00	Forderungen aLuL (1400)	3.570,00
	Forderungsverluste (2400)	900,00	Zweifelhafte Ford. (1460)	900,00
2.a	Zweifelhafte Ford. (1460)	11.900,00	Forderungen aLuL (1400)	11.900,00
2.b	Forderungsverluste (2400)	8.000,00	Zweifelhafte Ford. (1460)	11.900,00
	Bank (1200)	2.380,00		
	Umsatzsteuer (19 %) (1776)	1.520,00		
3.	Bank (1200)	892,50	Zweifelhafte Ford. (1460)	1.190,00
	Forderungsverluste (2400)	250,00		
	Umsatzsteuer (19 %) (1776)	47,50		
4.a	Zweifelhafte Ford. (1460)	23.800,00	Forderungen aLuL (1400)	23.800,00
4.b	Forderungsverluste (2400)	20.000,00	Zweifelhafte Ford. (1460)	23.800,00
	Umsatzsteuer (19 %) (1776)	3.800,00		
5.	Zweifelhafte Ford. (1460)	3.570,00	Forderungen aLuL (1400)	3.570,00
6.	Bank (1200)	595,00	Zweifelhafte Ford. (1460)	2.380,00
	EWB auf Ford. (0998)	1.500,00		
	USt frühere Jahr (1791)	285,00		
7.	PWB auf Ford. (0996)[1]	500,00	Erträge Herab. PWB (2730)	500,00

[1] Bei den 119.000,00 EUR wurde unterstellt, dass es sich um den Forderungsbestand abzüglich der aus dem Jahr 2014 stammenden einzelwertberichtigten Forderungen handelt.
2.500 – 119.000 / 1,19 x 0,02 = 500,00

4.9 Buchungsvorgänge mit zeitlicher Abgrenzung

4.9.1 Überblick

Das Kapitel enthält keine Übungsaufgaben.

4.9.2 Rechnungsabgrenzung (S. 390 ff.)

Aufgabe 1

Siehe im Lehrbuch S. 383 ff.

Manche Geschäftsvorfälle betreffen mehrere Geschäftsjahre. Dies ist insofern problematisch, als dass der Jahresabschluss zur Aufgabe hat, den Bilanzleser über die Vermögens-, Finanz- und Ertragslage eines Unternehmens zu einem bestimmten Zeitpunkt bzw. über einen festgelegten Zeitraum zu informieren. So handelt es sich bei der Bilanz um eine Aufstellung der Vermögens- und Kapitalpositionen zum Bilanzstichtag (also eine Stichtagsbetrachtung) und bei der Gewinn- und Verlustrechnung um eine Stromgrößenrechnung, die die Aufwendungen und Erträge eines Geschäftsjahres enthält. Die Rechnungsabgrenzung hat bei Geschäftsvorfällen, die sowohl erfolgswirksame Komponenten des laufenden als auch des folgenden Geschäftsjahres beinhalten zur Aufgabe, die einzelnen Erfolgsbestandteile den Buchungsperioden periodengerecht zuzuordnen.

Bei der Rechnungsabgrenzung werden die Stromgrößen – und damit zeitraumbezogenen Größen – Einnahmen und Ausgaben, die sich über mehrere Abrechnungsperioden erstrecken, so aufgeteilt, dass jeder Periode die Aufwendungen und Erträge zugeordnet werden, die sie betreffen. Zu unterscheiden sind in diesem Zusammenhang transitorische (lat. transire = „hinübergehen") und antizipative (lat. antecipere = „vorwegnehmen") Abgrenzungsposten.

Eine transitorische Rechnungsabgrenzung ist dann vorzunehmen, wenn eine Aus- bzw. Einzahlung vor dem Abschlussstichtag getätigt wurde, und die Erfolgswirkung in Form von Aufwand oder Ertrag erst der nächsten Abrechnungsperiode zuzuordnen ist. Eine antizipative Abgrenzung ist durchzuführen für Vorfälle, bei denen die Erfolgswirkung dem laufenden Geschäftsjahr zuzuordnen ist, die Zahlungsmittelbestandsveränderung in Form einer Einzahlung (bei Erträgen) oder einer Auszahlung (bei Aufwendungen) erst in den Folgejahren zu verzeichnen ist.

Bei der transitorischen Rechnungsabgrenzung ist zu unterscheiden zwischen aktiver und passiver Rechnungsabgrenzung. Ein aktiver Rechnungsabgrenzungsposten (ARAP) ist für jene Ausgaben zu bilden, die im laufenden Geschäftsjahr zwar geflossen, aber einen Aufwand für eine bestimmte Zeit nach dem Bilanzstichtag darstellen (z. B. im Voraus bezahlte Kfz-Versicherung für Zeiträume der folgenden Abrechnungsperiode). Bei einem passiven Rechnungsabgrenzungsposten (PRAP) erfolgt die Einzahlung vor dem Abschlussstichtag für Erträge, die erst im neuen Geschäftsjahr entstehen (z. B. im Voraus geleistete Mietzahlungen des Mieters für Zeiträume der folgenden Abrechnungsperiode).

Von der transitorischen Abgrenzungsproblematik ist die antizipative zu unterscheiden. Es handelt sich hier um Geschäftsvorfälle, deren Erfolgswirkung im zu bilanzierenden Geschäftsjahr zu erfassen ist, die damit im Zusammenhang stehende Ein- oder Auszahlung jedoch erst in den folgenden Geschäftsjahren erfolgt. Sie werden in der Bilanz nicht als Rechnungsabgrenzungsposten ausgewiesen, sondern als sogenannte „Sonstige Forderungen" (manchmal auch „Sonstige Vermögensgegenstände") und „Sonstige Verbindlichkeiten". Im zuletzt genannten Fall handelt es sich um einen Aufwand des laufenden Geschäftsjahres, der aber erst in den folgenden Wirtschaftsjahren zu einer Auszahlung führt (z. B. fällige Mietzahlungen für den Monat Dezember, die erst im Januar des Folgejahres bezahlt werden), und im ersten Fall um einen Ertrag des laufenden Jahres, der erst nach dem Bilanzstichtag mit einer Einzahlung einhergeht (z. B. Mieteinnahmen des Monats Dezember, die erst im Folgejahr vom Mieter gezahlt werden).

Aufgabe 2

1. Antizipative Rechnungsabgrenzung, Sonstige Verbindlichkeiten
2. Keine Rechnungsabgrenzung. Rechnungsabgrenzungsposten haben eine Zeitbezogenheit (über einen Zeitraum), Anzahlungen haben dies nicht.
3. Transitorische Rechnungsabgrenzung, Aktive Rechnungsabgrenzungsposten
4. Transitorische Rechnungsabgrenzung, Aktive Rechnungsabgrenzungsposten
5. Antizipative Rechnungsabgrenzung, Sonstige Verbindlichkeiten
6. Antizipative Rechnungsabgrenzung, Sonstige Verbindlichkeiten
7. Transitorische Rechnungsabgrenzung, Aktive Rechnungsabgrenzungsposten

Tz.	Soll-Seite		Haben-Seite	
	Konto	Betrag (EUR)	Konto	Betrag (EUR)
1.a	Miete (4210)	3.300,00	Sonstige Verbindl. (1700)	3.300,00
1.b	Sonstige Verbindl. (1700)	3.300,00	Bank (1200)	3.300,00
2.a	Bank (1200)	2.380,00	Erhaltene Anzahl. (1710)	2.000,00
			Umsatzsteuer (19 %) (1776)	380,00
3.a	Miete (4210)	12.000,00	Bank (1200)	12.000,00
	ARAP (0980)	12.000,00	Miete (4210)	12.000,00
3.b	Miete (4210)	12.000,00	ARAP (0980)	12.000,00
4.a	Kfz-Steuer (4510)	600,00	Bank (1200)	600,00
	ARAP (0980)[1]	500,00	Kfz-Steuer (4510)	500,00
4.b	Kfz-Steuer (4510)	500,00	ARAP (0980)	500,00
5.a	Bank (1200)	97.000,00	Verbindl. ggü. KI (0630)	100.000,00
	Damnum/Disagio (0986)	3.000,00		
	Abschr. auf Disagio (2124)[2]	50,00	Damnum/Disagio (0986)	50,00
	Zinsaufwendungen (2110)[3]	1.166,67	Sonstige Verbindl. (1700)	1.166,67
5.b	Sonstige Verbindl. (1700)	1.166,67	Bank (1200)	1.166,67
6.a	Zinsaufwendungen (2110)	750,00	Sonstige Verbindl. (1700)	750,00
6.b	Sonstige Verbindl. (1700)	750,00	Bank (1200)	750,00
7.a	Kfz-Versicherung (4520)	1.800,00	Bank (1200)	1.800,00
	ARAP (0980)[4]	900,00	Kfz-Versicherung (4520)	900,00
7.b	Kfz-Versicherung (4520)	900,00	ARAP (0980)	900,00

a. Buchungen im Jahr 2013
b. Buchungen im Jahr 2014
[1] 600 x 10 / 12 = 500,00 EUR
[2] 3.000 / 10 x 2 / 12 = 50,00 EUR. Soll ein möglichst hoher Gewinn ausgewiesen werden, müssen die Aufwendungen niedrig sein. Zur Disposition stand, das Damnum als aktiven Rechnungsabgrenzungsposten zu aktivieren und über die Laufzeit des Krediies zeitanteilig abzuschreiben oder es sofort in voller Höhe als Aufwand auszubuchen. Da im ersten Fall der Aufwand (50,00 EUR) niedriger ist als im zweiten Fall (3.000,00 EUR), ist die erste Variante zu wählen.
[3] 100.000 x 0,07 x 2 / 12 = 1.166,67 EUR
[4] 1.800 x 6 / 12 = 900,00 EUR

Aufgabe 3

Tz.	Soll-Seite		Haben-Seite	
	Konto	Betrag (EUR)	Konto	Betrag (EUR)
1.a	Kfz-Versicherung (4520)	2.400,00	Bank (1200)	2.400,00
	ARAP (0980)[1]	1.000,00	Kfz-Versicherung (4520)	1.000,00
1.b	Kfz-Versicherung (4520)	1.000,00	ARAP (0980)	1.000,00
2.a	Bank (1200)	4.500,00	Grundstückerträge (2750)	4.500,00
	Grundstückerträge (2750)	1.500,00	PRAP (0990)[2]	1.500,00
2.b	PRAP (0990)	1.500,00	Grundstückerträge (2750)	1.500,00

a. Buchungen im Jahr 2013
b. Buchungen im Jahr 2014
[1] 2.400 x 5 / 12 = 1.000,00 EUR
[2] 4.500 x 1 / 4 = 1.500,00 EUR

4.9.3 Rückstellungen (S. 396 ff.)

Aufgabe 1

Tz.	Soll-Seite		Haben-Seite	
	Konto	Betrag (EUR)	Konto	Betrag (EUR)
1.	Außerord. Aufw. (2000)	17.500,00	Sonstige Rückstell. (0970)	22.500,00
	Rechts- + Beratungsk. (4950)	5.000,00		
2.	Sonstige Rückstell. (0970)	22.500,00	Bank (1200)	18.722,00
	Vorsteuer (19 %) (1576)	722,00	Ertr. Aufl. Rückstell. (2735)	4.500,00
3.	Sonst. betr. Aufw. (4900)	15.000,00	Sonstige Rückstell. (0970)[1]	15.000,00
4.	Aufw. f. Gewährl. (4970)	5.000,00	Sonstige Rückstell. (0970)[2]	5.000,00
5.	Abschl. + Prüfungsk. (4957)	2.800,00	Sonstige Rückstell. (0970)[3]	2.800,00
6.	Sonstige Rückstell. (0970)	2.800,00	Verbindl. aLuL (1600)	3.570,00
	Periodenfr. Aufw. (2020)	200,00		
	Vorsteuer (19 %) (1576)	570,00		
7.	Instandh. betr. Räume (4260)	2.500,00	Sonstige Rückstell. (0970)[4]	2.500,00
8.	Sonstige Rückstell. (0970)	2.500,00	Verbindl. aLuL (1600)	2.142,00
	Vorsteuer (19 %) (1576)	342,00	Ertr. Aufl. Rückstell. (2735)	700,00

[1] Genaugenommen sieht SKR 03 das Konto 0976 „Rückstellungen für drohende Verluste aus schwebenden Geschäften" vor.
[2] Genaugenommen sieht SKR 03 das Konto 0974 „Rückstellungen für Gewährleistungen" vor.
[3] Genaugenommen sieht SKR 03 das Konto 0977 „Rückstellungen für Abschluss- und Prüfungskosten" vor.
[4] Genaugenommen sieht SKR 03 das Konto 0971 „Rückstellungen für unterlassene Aufwendungen für Instandhaltung, Nachholung in den ersten drei Monaten" vor.

Aufgabe 2

Tz.	Soll-Seite Konto	Betrag (EUR)	Haben-Seite Konto	Betrag (EUR)
1.	BGA (0410)	7.600,00	Verbindl. ggü Kl (0630)	8.568,00
	Vorsteuer (19 %) (1576)	1.444,00	Kasse (1000)	476,00
	Abschreibungen SA (4830)	950,00[1]	BGA (0410)	950,00
2.	Kasse (1000)	2.500,00	Umsatzerlöse (8200)	4.500,00
	Forderungen aLuL (1400)	2.855,00	Umsatzsteuer (19 %) (1776)	855,00
3.	Verbindl. aLuL (1600)	11.900,00	Bank (1200)	11.662,00
			Erh. Skonti (3730)	200,00
			Vorsteuer (19 %) (1576)	38,00
4.	Wareneingang (3200)	5.500,00	Verbindl. aLuL (1600)	6.545,00
	Vorsteuer (19 %) (1576)	1.045,00		
5.	BNK Waren (3800)	100,00	Kasse (1000)	119,00
	Vorsteuer (19 %) (1576)	19,00		
6.	Verbindl. aLuL (1600)	714,00	Erhaltene Boni (3769)	600,00
			Vorsteuer (19 %) (1576)	114,00
7.	Verbindl. aLuL (1600)	5.831,00	Bank (1200)	5.831,00
8.	Zweifelhafte Ford. (1460)	2.380,00	Forderungen aLuL (1400)	2.380,00
	Abschreib. auf UV (4886)	1.000,00	Zweifelhafte Ford. (1460)	1.000,00
9.	Bank (1200)	952,00	Zweifelhafte Ford. (1460)	1.380,00
	Abschreib. auf UV (4886)	200,00		
	Umsatzsteuer (19%) (1776)	228,00		
10.	Bank (1200)	27.000,00	Verbindl. ggü. Kl (0630)	30.000,00
	Damnum/Disagio (0986)	3.000,00		
	Abschr. auf Disagio (2124)[2]	125,00	Damnum/Disagio (0986)	125,00
	Zinsaufwendungen (2110)[3]	450,00	Bank (1200)	450,00
11.	Kfz-Versicherung (4520)	100,00	Bank (1200)	1.200,00
	ARAP (0980)	1.100,00		
12.	Bank (1200)	98.000,00	Verbindl. ggü. Kl (0630)	100.000,00
	Damnum/Disagio (0986)	2.000,00		
	Abschr. auf Disagio (2124)[4]	250,00	Damnum/Disagio (0986)	250,00
	Zinsaufwendungen (2110)[5]	1.250,00	Sonst. Verbindl. (1700)	1.250,00
13.	Sonst. Ford. (1500)	2.400,00	Grundstückerträge (2750)	2.400,00
14.	Prozesskosten-RS (0970)	4.500,00	Bank (1200)	5.950,00
	Vorsteuer (19 %) (1576)	950,00		
	Periodenfr. Aufw. (2020)	500,00		
15.	Abschreibungen SA (4830)	9.000,00	BGA (0410)	5.000,00
			Pkw (0320)	4.000,00
16.	BV Waren (3950)	4.000,00	Warenbestand (3980)	4.000,00
	Fertige Erzeugnisse (7110)	2.500,00	BV Fertige Erzeugn. (8980)	2.500,00
a.	Erh. Skonti (3730)	200,00	Wareneingang (3200)	200,00
b.	Wareneingang (3200)	100,00	BNK Waren (3800)	100,00
c.	Erhaltene Boni (3769)	600,00	Wareneingang (3200)	600,00
d.	Umsatzsteuer (19 %) (1776)	627,00	Vorsteuer (19 %) (1576)	627,00
e.	Eigenkapital (0880)	13.225,00	GuVK (9999), Verlust	13.225,00

[1] (8.568 + 476) / 1,19 / 6 x 9 / 12 = 950,00 EUR
[2] 3.000 / 6 x 3 / 12 = 125,00 EUR. Soll ein möglichst hoher Gewinn ausgewiesen werden, müssen die Aufwendungen niedrig sein. Zur Disposition stand, das Damnum als aktiven Rechnungsabgrenzungsposten zu aktivieren und über die Laufzeit des Kredites zeitanteilig abzuschreiben oder es sofort in voller Höhe als Aufwand auszubuchen. Da im ersten Fall der Aufwand (125,00 EUR) niedriger ist als im zweiten Fall (3.000,00 EUR), ist die erste Variante zu wählen.
[3] 30.000 x 0,06 x 3 / 12 = 450,00 EUR
[4] 2.000 / 2 / x 3 / 12 = 250,00 EUR. Soll ein möglichst hoher Gewinn ausgewiesen werden, müssen die Aufwendungen niedrig sein. Zur Disposition stand, das Damnum als aktiven Rechnungsabgrenzungsposten zu aktivieren und über die Laufzeit des Kredites zeitanteilig abzuschreiben oder es sofort in voller Höhe als Aufwand auszubuchen. Da im ersten Fall der Aufwand (250,00 EUR) niedriger ist als im zweiten Fall (2.000,00 EUR), ist die erste Variante zu wählen.
[5] 100.000 x 0,05 x 3 / 12 = 1.250,00 EUR. Im Lehrbuch muss es heißen: „Der Darlehensbetrag wird am der Laufzeit in einer Summe inkl. Zinsen zurückgezahlt" und nicht „Der Darlehensbetrag wird am der Laufzeit in einer Summe inkl. linx zurückgezahlt"

4.9 Buchungsvorgänge mit zeitlicher Abgrenzung

Prozesskostenrückstellungen (0970)

14.	4.500,00 €	AB	4.500,00 €
	4.500,00 €		4.500,00 €

BGA (0410)

AB	25.000,00 €	1.	950,00 €
1.	7.600,00 €	15.	5.000,00 €
		SB	26.650,00 €
	32.600,00 €		32.600,00 €

Pkw (0320)

AB	34.000,00 €	15.	4.000,00 €
		SB	30.000,00 €
	34.000,00 €		34.000,00 €

Fertige Erzeugnisse (7110)

AB	17.500,00 €	16.	20.000,00 €
BV	2.500,00 €		
	20.000,00 €		20.000,00 €

Verbindlichkeiten aLuL (1600)

3.	11.900,00 €	AB	43.500,00 €
6.	714,00 €	4.	6.545,00 €
7.	5.831,00 €		
SB	31.600,00 €		
	50.045,00 €		50.045,00 €

Bank (1200)

AB	15.000,00 €	3.	11.662,00 €
9.	952,00 €	7.	5.831,00 €
10.	27.000,00 €	10.	450,00 €
12.	98.000,00 €	11.	1.200,00 €
		14.	5.950,00 €
		SB	115.859,00 €
	140.952,00 €		140.952,00 €

Warenbestand (3980)

AB	14.000,00 €	SB	10.000,00 €
		BV	4.000,00 €
	14.000,00 €		14.000,00 €

Kasse (1000)

AB	2.500,00 €	1.	476,00 €
2.	2.500,00 €	5.	119,00 €
		SB	4.405,00 €
	5.000,00 €		5.000,00 €

Eigenkapital (0880)

GuVK	13.225,00 €	AB	65.000,00 €
SB	51.775,00 €		
	65.000,00 €		65.000,00 €

Vorsteuer (19 %) (1576)

1.	1.444,00 €	3.	38,00 €
4.	1.045,00 €	6.	114,00 €
5.	19,00 €	USt	627,00 €
14.	950,00 €	SB	2.679,00 €
	3.458,00 €		3.458,00 €

4 Ausgewählte Buchungsprobleme

	Verbindl. ggü. KI (0630)				Abschreibungen SA (4830)		
SB	138.568,00 €	AB	0,00 €	1.	950,00 €	GuVK	9.950,00 €
		1.	8.568,00 €	15.	9.000,00 €		
		10.	30.000,00 €		9.950,00 €		9.950,00 €
		12.	100.000,00 €				
	138.568,00 €		138.568,00 €				

	Forderungen aLuL (1400)				Umsatzerlöse (8200)		
AB	5.000,00 €	8.	2.380,00 €	GuVK	4.500,00 €	2.	4.500,00 €
2.	2.855,00 €	SB	5.475,00 €		4.500,00 €		4.500,00 €
	7.855,00 €		7.855,00 €				

	Umsatzsteuer (19 %) (1776)				erh. Skonti (3730)		
9.	228,00 €	2.	855,00 €	WE	200,00 €	3.	200,00 €
VSt	627,00 €				200,00 €		200,00 €
	855,00 €		855,00 €				

	Wareneingang (3200)				BNK Waren (3800)		
4.	5.500,00 €	Boni	600,00 €	5.	100,00 €	WE	100,00 €
BNK	100,00 €	Skon.	200,00 €		100,00 €		100,00 €
		GuVK	4.800,00 €				
	5.600,00 €		5.600,00 €				

	erh. Boni (3769)				Zweifelhafte Ford. (1460)		
WE	600,00 €	6.	600,00 €	AB	0,00 €	8.	1.000,00 €
	600,00 €		600,00 €	8.	2.380,00 €	9.	1.380,00 €
					2.380,00 €		2.380,00 €

	Abschr. auf UV (4886)				Damnum/Disagio (0986)		
8.	1.000,00 €	GuVK	1.200,00 €	10.	3.000,00 €	10.	125,00 €
9.	200,00 €			12.	2.000,00 €	12.	250,00 €
	1.200,00 €		1.200,00 €			SB	4.625,00 €
					5.000,00 €		5.000,00 €

4.9 Buchungsvorgänge mit zeitlicher Abgrenzung

Abschr. auf Disagio (2124)			
10.	125,00 €	GuVK	375,00 €
12.	250,00 €		
	375,00 €		375,00 €

Zinsaufwendungen (2110)			
10.	450,00 €	GuVK	1.700,00 €
12.	1.250,00 €		
	1.700,00 €		1.700,00 €

Kfz-Versicherung (4520)			
11.	100,00 €	GuVK	100,00 €
	100,00 €		100,00 €

ARAP (0980)			
11.	1.100,00 €	GuVK	1.100,00 €
	1.100,00 €		1.100,00 €

sonst. Verbindl. (1700)			
SB	1.250,00 €	12.	1.250,00 €
	1.250,00 €		1.250,00 €

periodenfremde Aufw. (2020)			
14.	500,00 €	GuVK	500,00 €
	500,00 €		500,00 €

sonst. Forderungen (1500)			
13.	2.400,00 €	SB	2.400,00 €
	2.400,00 €		2.400,00 €

Grundstückerträge (2750)			
GuVK	2.400,00 €	13.	2.400,00 €
	2.400,00 €		2.400,00 €

BV Waren (3950)			
16.	4.000,00 €	GuVK	4.000,00 €
	4.000,00 €		4.000,00 €

BV Fertige Erzeugnisse (8980)			
GuVK	2.500,00 €	16.	2.500,00 €
	2.500,00 €		2.500,00 €

Gewinn- und Verlustrechnungskonto (9999)			
Abschreibungen SA (4830)	9.950,00 €	Umsatzerlöse (8200)	4.500,00 €
Wareneingang (3200)	4.800,00 €	Grundstückerträge (2750)	2.400,00 €
Zinsaufwendungen (2110)	1.700,00 €	BV Fertige Erzeugnisse (8980)	2.500,00 €
Abschr. auf UV (4886)	1.200,00 €	Eigenkapital (0880), Verlust	13.225,00 €
periodenfremde Aufw. (2020)	500,00 €		
Abschr. auf Disagio (2124)	375,00 €		
Kfz-Versicherung (4520)	100,00 €		
BV Waren (3950)	4.000,00 €		
	22.625,00 €		22.625,00 €

Schlussbilanzkonto (9998)

BGA (0410)	26.650,00 €	Eigenkapital (0880)	51.775,00 €
Pkw (0320)	30.000,00 €	Verbindl. ggü. KI (0630)	138.568,00 €
Fertige Erzeugnisse (7110)	20.000,00 €	sonstige Verbindl. (1700)	1.250,00 €
Warenbestand (3980)	10.000,00 €	Verbindlichkeiten aLuL (1600)	31.600,00 €
Damnum/Disagio (0986)	4.625,00 €		
Vorsteuer (19 %) (1576)	2.679,00 €		
sonst. Forderungen (1500)	2.400,00 €		
Forderungen aLuL (1400)	5.475,00 €		
Bank (1200)	115.859,00 €		
Kasse (1000)	4.405,00 €		
ARAP (0980)	1.100,00 €		
	223.193,00 €		**223.193,00 €**

4.10 Buchung von Löhnen und Gehältern

Aufgabe 1

	Bruttogehalt	2.000,00 EUR
./.	**Summe Steuern**	**244,64 EUR**
	Lohnsteuer (lt. Lohnsteuertabelle)	213,66 EUR
	Solidaritätszuschlag (5,5 % von 213,66 EUR)	11,75 EUR
	Kirchensteuer (9 % von 213,66 EUR)	19,23 EUR
./.	**Summe Sozialabgaben**	**408,50 EUR**
	Krankenversicherung (0,5 × 14,6 % + 0,9 % = 8,2 % von 2.000,00 EUR)	164,00 EUR
	Pflegeversicherung (0,5 × 2,05 % + 0,25 % von 2.000,00 EUR)	25,50 EUR
	Rentenversicherung (0,5 × 18,9 % von 2.000,00 EUR)	189,00 EUR
	Arbeitslosenversicherung (0,5 × 3 % von 2.000,00 EUR)	30,00 EUR
=	**Nettogehalt**	**1.346,86 EUR**

Arbeitgeberanteil SV: $2000 \times (0{,}073$ (KV) $+ 0{,}01025$ (PfV) $+ 0{,}0945$ (RV) $+ 0{,}015$ (AV)) $= 385{,}50$ €

Teilaufgabe 1.a

Tz.	Soll-Seite		Haben-Seite	
	Konto	Betrag (EUR)	Konto	Betrag (EUR)
1.	Gehälter (4120)	2.000,00	Verb. aus Lohn/Gehalt (1740)	1.346,86
			Verb. aus LSt und KiSt (1741)	244,64
			Verb. im Rah. d. s. S. (1742)	408,50
2.	Gesetzl. soz. Aufw. (4130)	385,50	Verb. im Rah. d. s. S. (1742)	385,50
3.	Verb. im Rah. d. s. S. (1742)	794,00	Bank (1200)	794,00
4.	Verb. aus Lohn/Gehalt (1740)	1.346,86	Bank (1200)	1.346,86
5.	Verb. aus LSt und KiSt (1741)	244,64	Bank (1200)	244,64

Teilaufgabe 1.b

Tz.	Soll-Seite		Haben-Seite	
	Konto	Betrag (EUR)	Konto	Betrag (EUR)
1.	Gehälter (4120)	2.000,00	Lohn-/Gehaltsverr. (1755)	2.000,00
	Lohn-/Gehaltsverr. (1755)	1.346,86	Verb. aus Lohn/Gehalt (1740)	1.346,86
	Lohn-/Gehaltsverr. (1755)	244,64	Verb. aus LSt und KiSt (1741)	244,64
	Lohn-/Gehaltsverr. (1755)	408,50	Verb. im Rah. d. s. S. (1742)	408,50
2.	Gesetzl. soz. Aufw. (4130)	385,50	Verb. im Rah. d. s. S. (1742)	385,50
3.	Verb. im Rah. d. s. S. (1742)	794,00	Bank (1200)	794,00
4.	Verb. aus Lohn/Gehalt (1740)	1.346,86	Bank (1200)	1.346,86
5.	Verb. aus LSt und KiSt (1741)	244,64	Bank (1200)	244,64

Teilaufgabe 1.c

Tz.	Soll-Seite		Haben-Seite	
	Konto	Betrag (EUR)	Konto	Betrag (EUR)
1.	Gehälter (4120)	408,50	Bank (1200)	793,50
	Gesetzl. soz. Aufw. (4130)	385,00		
2.	Gehälter (4120)	1.346,86	Bank (1200)	1.346,86
3.	Gehälter (4120)	244,64	Bank (1200)	244,64

4.11 Literaturverzeichnis

Das Kapitel enthält keine Übungsaufgaben.

MIX
Papier aus verantwortungsvollen Quellen
Paper from responsible sources
FSC® C105338

If you have any concerns about our products,
you can contact us on
ProductSafety@springernature.com

In case Publisher is established outside the EU,
the EU authorized representative is:
**Springer Nature Customer Service Center GmbH
Europaplatz 3, 69115 Heidelberg, Germany**

Printed by Libri Plureos GmbH
in Hamburg, Germany